영어는 단어를 나열하는 순서/위치에 의해 의미가 결정된다

영어의 시제는 우리말의 시제와 많이 다르다

회화의 속도는 영작과 번역을 빨리 순간적으로 하는 것이다

Copyright 2018. Henry Yoo, 유현철
Printed in 2018 by Music Thyme Company

지은이 유현철
펴낸 곳 음악의 향기
컴퓨터 인쇄 및 제본 광명인쇄
초판 2018년 8월 21일

등록일 2018년 8월 1일
등록번호 제 2018-000096
주소 ; 서울 영등포구 당산동1가 41-3 제2건물 3층
대표전화 0502-111-2020
e-mail   ; popjazzpiano@hanmail.net

ISBN   978-89-94182-254
값 15,000원

번역과 영작의 기술을 배우는

팝송 영어 I

저자 유현철

글쓴이의 말

영어는 이제 선택의 외국어가 아니라 필수의 언어가 되고 있다. 대학 입시를 위한 중고생이나 취업을 준비하는 대학생만이 필요로 하는 것이 아니다. 회사를 다니는 직장인이나 자영업자 심지어는 주부들까지도 영어가 필요한 시대이다. 외국 사람을 만날 기회가 많고 SNS를 통해 외국 사람들과 소통하고 해외에 여행을 많이 다니고 영어 또 자료도 읽을 기회가 많다.

오랫동안 영어를 공부하고 영어를 사용하면서 영어를 배우는 데 보다 효율적이고 효과적인 방법이 있지 않을까 늘 고민하고 많은 생각을 하게 되었다. 그러다가 왜 우리는 10년이 넘게 영어 공부를 하고서도 미국의 7살 어린 아이보다 영어를 못하는 것일까 의문을 갖게 되었고 마찬가지로 한국어를 사용하는 7살 우리나라의 어린 아이는 어떻게 언어를 익히고 구사하는 것일까에 대한 생각으로 발전되었다.

여기서 우리는 근본적인 의문에 대한 답을 생각하여야 한다. 미국의 어린아이가 과연 단어를 정확하게 알고 언어를 사용하는 것인지, 또 문법을 알고 말하는 것인지, 정확한 발음은 어떻게 알게 되는 것인지?

어른들도 단어의 뜻을 정확히 알고 말하는 것이 아니다. 어떤 상황에서 어떤 말을 사용한 경험이 지속적으로 축적되어 어느 때 사용하는 지를 아는 것이다. 문법은 우리말을 하는 우리도 국문법을 알고 말하지는 않는다. 충분히 우리의 말을 배우고 쓰고 익히면서 저절로 문법을 알고 터득한다. 책을 읽고 터득하는 것이 문법을 배워서 터득한 건 아니다.

여기서 보다 효과적이고 효율적인 영어의 학습 방법을 찾게 되었다. 그리고 이 방법을 적용하여 교육을 실시한 결과 대단한 효과를 보게 되었다. 고등학교를 졸업하고 거의 평생 영어를 사용하지 않은 사람의 수준 혹은 대학을 졸업하였다고 하여도 외국인과 한마디도 대화를 하지 못하는 수준의 사람에게 이 방법을 적용하였더니 6개월도 안되어 영작을 술술 하게 되었고 영작을 정확하게 구사한 후부터 자연스럽게 독해가 해결

되었으며 회화도 쉽게 해결되었다.

　즉 우리가 영어를 효과적으로 배우는 가장 좋은 방법은 영작을 배우는 데 초점을 맞추어야 한다는 것이다. 외국 사람의 발음을 알아듣지 못하여 회화를 못하는 것이 아니라 그보다 우선 말을 못하고 있었던 것이다.

　그리고 영작을 하기 위해 영어의 규칙적인 패턴을 이용하게 되었고 영어의 말과 우리말의 차이점을 빨리 익히게 하는 방법을 찾게 되었다.

　여기서 제시하는 팝송의 가사를 이용해서 영어의 규칙적인 패턴을 파악하고 문장의 뜻을 이해하며 영어와 우리말의 차이점을 파악한다면 영작이 매우 쉬워질 것이다. 그 차이점이란 것이 언어의 순서와 위치이며 바로 그 점이 핵심인 것이다.

　책을 읽고 대화를 나누기 위해서는 언어의 구사 속도 또한 중요하다. 느린 속도로는 대화도 되지 않고 책을 이해할 수도 없기 때문이다. 그래서 속도를 위한 방법도 제시하였다. 느려서는 말을 할 수도 없고 알아들을 수도 없다. 영작의 속도가 느린데 말을 빨리 할 수 없다. 듣는 것도 일단 해석을 할 줄 모른다면 발음을 못 알아 듣는 것은 그 이후의 문제이다. 즉 순간적으로 해석하는 속도가 되어야 하는 것이다.

　어떤 종류의 교육이든 취학 전 아동, 초등학생, 중고교생, 성인 들은 각각 다른 교육 방법을 선택하게 된다. 교육학자들은 성숙 정도에 따라 학습 방법론이 달라야 한다고 주장한다. 그래서 대상에 따라 국가에서는 각각 다른 자격증을 부여하고 있다.

　이 책도 중, 고교를 졸업한 성인들에게 적합하도록 구성하였다. 1초도 안되는 순간에 영작을 하고 번역을 한다면 토익이든 입시든 다 해결될 수 있을 것이다. 결국 영어공부의 목표도 그런 것이 아닐까?

　이 책의 방법대로 공부를 한다면 불과 1년 안에 영작을 마음대로 구사하고 책을 읽고 이해하며 회회를 할 수 있다고 확언한다. .

유현철

목 차

Chapter 1. 번역과 영작의 기술을 공부하기 전에

1.1 왜 영어가 늘지 않는 거지?   10
1.2 가장 효율적인 영어 공부법은 바로 영작이다   16
1.3 이 책으로 공부하는 방법   20

Chapter 2. 영작과 번역의 기술을 배우는 팝송 영어 II

2.1 I Without you   25
  2.1.A 한글 부분   27
    2.1.A-1 영작 1단계 – 문장 찾기와 여러 개로 구분하기   28
    2.1.A-2 영작 2단계 – 주어, 동사 찾기와 동사의 시제 결정하기   28
    2.1.A-3 영작 3단계 – 문장의 형식 결정   29
    2.1.A-4 영작 4단계 – 영어의 Pattern 순서로 위치 변경하기   31
  2.1.B 영어 부분   33
    2.1.B-1 영작 1단계 – 문장 구분하기   34
    2.1.B-2 영작 2단계 – 주어, 동사 찾기와 동사의 시제 파악   34
    2.1.B-3 영작 3단계 – 문장의 형식 파악   35
    2.1.B-4 영작 4단계 – 복문장의 경우 문장과 문장 간의 관계 파악   36
    2.1.B-5 영작 5단계 – Pattern의 순서로 분리   38
  2.1.C 주요 문장 분석   40

2.2 Unchained Melody   41
  (이하 전부 위의 구성으로 반복됨)

2.3 Hard to say I am sorry   53
2.4 Stand by your man   75
2.5 Sorry seems to be the hardest word   93

2.6	Lady	109
2.7	Today	133
2.8	What a wonderful word	149
2.9	Tie a yellow ribbon round the ole oak tree	165
2.10	I owe you	187
2.11	Perhaps love	209
2.12	You needed me	233
2.13	I can't stop loving you	257
2.14	Can't help falling in love with you	269
2.15	Yesterday once more	283

부록

1. 복문장의 7가지 형태	309
2. 영어 동사의 16가지 시제의 예	311
3. 한글을 영어의 Pattern 순서로 위치 변경 양식 (한글 영작용)	313
4. 영어 문장을 Pattern 순서로 위치 변경 양식 (영어 번역용)	315

Chapter 1. 번역과 영작의 기술을 공부하기 전에

1.1 왜 영어가 늘지 않는 거지?

 영어를 10년 넘게 공부하였음에도 영어가 그다지 늘지 않는 이유는 학습 방법이 잘못 되었기 때문이다. 우리의 교육 내용과 방법은 너무 문장의 해석에 집중한다. 언어는 말이 우선이고 어느 정도 말로 소통한 다음에 문장을 쓰고 읽고 의미를 파악하는 것을 배워야 하는데 우리는 거꾸로 문장의 번역을 먼저 배운다. 즉 말을 전혀 배우지 않으니 말을 못하는 것이다.

 말을 한다는 것은 스스로 문장을 만들어 내는 능력을 가졌다는 뜻이다. 어린아이는 단순한 문장을, 성인은 정규 교육을 받게 되면서 점점 복잡한 문장을 만들어 낼 수 있는 능력을 갖게 된다. 그러니까 영어로 말을 하려면 영어의 문장을 만들 줄 알아야 한다. 한마디로 영작을 배우지 않으면 영어를 배운다고 할 수 없다. 미국인을 만나서 한마디도 하지 못하는 이유는 알아 듣지 못해서는 두 번째 문제이고 일단 스스로 한 문장도 만들어 내지 못하니까 말을 못하는 것이지 두려움이나 경험 부족이 아닌 것이다. 불과 몇 마디 나누고 나면 바닥 나는 영작 실력으로 대화가 지속될 수 없는 것은 너무나 당연하다.

 영작을 한다는 것은 문장의 구조를 이해하고 패턴을 인식한다는 의미이다. 그리고 우리와 다른 언어를 사용하는 미국인 혹은 영국인의 관습이나 개념 나아가서는 보다 영어를 잘하기 위해서는 문화나 역사, 사회적 배경까지도 알아야 그 사람들의 말의 내용을 정확히 이해할 수 있게 된다. 영어는 다른 나라의 말이다. 문화와 풍습이 틀리고 언어를 구사할 때 사용하는 단어의 개념도 우리의 단어와 정확히 일치 하지 않는다. 그러므로 영어를 공부하기 전에 무엇이 한국어와 다른 지 정확히 파악하고 있고 이 것을 해결하기 위한 학습의 커리큘럼(curriculum)과 코스웨어(courseware)가 만들어져야 한다.

 어떤 것을 배우고자 할 때 가장 중요하고 뼈대가 되는 것을 먼저 익히고 그 다음 곁가지를 배워 나가는 순이 되어야 한다. 영어에서 가장 중요한 기본과 뼈대는 문법 중에서 어순 즉 단어를 나열하는 순서가 가장 중요하다. 즉 문장을 만들 때 단어를 나열하는 순서를 모르면 문장을 만들 수 없다. 영작할 때 단어를 어느 위치에 배치하여야 할 지 난감한 경험이 많았을 것이다. 배운 적이 없기 때문이다. 아무렇게나 나열하면 안된다. 의미가 달라질 수도 있고 아예 말이 안될 수도 있다.

첫째, 영어의 어순은 한국어와 다르다.

 우리말은 어순이 그다지 중요하지 않다. 조사가 있기 때문에 어순이 틀려도 의미를 전달하는 데는 아무런 지장이 없다. 하지만 영어는 조사가 없기 때문에 어순이 틀려지면 의미가 달라진다. 영어라는 언어는 어순에 의해 의미가 만들어진다. 심지어는 어순이나 위치가 바뀌면 단어의 품사도 바뀐다. 즉 영어는 한 단어가 동사도 될 수 있고 명사도 될 수 있으며 형용사, 부사도 될 수 있다. 여러분들이 영어 문장에서 단어 하나 하나의 품사를 구별할 줄 안다면 영어를 잘하는 것이고 영어라는 언어를 이해한 것이다. 그걸 모르면 여전히 기초가 아주 약한 상태이다. 아마 영어 사전도 제대로 활용할 지 모르는 상태일 가능성이 높다.

둘째, 영어에만 존재하는 것들이 있다.

 관계대명사, 관사는 완전히 영어에만 존재하며 전치사, 접속사 일부도 영어에만 존재한다. 그리고 우리에게 없는 동사가 영어에는 있고 형용사나 부사도 마찬가지이다. 단어의 의미도 정확히 일치 하지 않으며 속담이나 관용적인 표현 등도 영어에만 존재하는 것들이 있다.
또 하나 결정적이고 매우 중요한 것이 하나 더 있다. 그것이 바로 동사의 시제이다. 우리말의 동사 시제와는 차이가 많다. 예를 들면 현재완료나 과거완료형은 영어에만 존재한다. 우리말에 없으니 그 개념을 모르고 그러니까 답답한 생각이 든다.
완료형을 모른다는 것은 과거분사의 정확한 의미를 모른다는 것이나 진배없다. 과거분사는 '과거'라는 말 때문에 과거라고 생각하면 안된다. 영어를 곧잘 하는 사람 심지어는 영어 선생도 과거분사를 수동태라고 말하는 이도 있는데 그건 완전히 엉터리이고 모른다는 뜻이다. 아마 완료형의 문장에 대한 해석도 정확할 가능성이 떨어진다. 우리말에는 그런 개념이 없다. 어떤 상태가 지속되고 있는 것이다. 즉 현재분사(진행형 ~ing)보다 길게 그 동작이 작동하는 동사의 형태이다. 이 과거분사의 시제는 앞에 오는 'be'동사 혹은 have나 had 그리고 조동사 will, would, shall, should, can, could, may might가 결정한다. 한국말에 없는 이 동사의 시제를 모르면 영어는 한 발짝도 나갈 수 없다. 더구나 영어의 동사 시제와 우리말의 동사 시제는 일치하지 않는다. 가정법은 더욱 그렇디. 가징밥이 어려운 이유는 동사의 시제를 완벽히 이해하지 못하기 때문이다. 그러니까 동작의 작동 성격으로 보아 동사의 종류는 현재, 현새분사,

과거, 과거분사가 있다. 현재분사는 현재를 의미하지 않고 과거분사 역시 과거를 의미하지 않는다. 그 시제는 그 앞에 'be'동사나 조동사가 결정한다. 유일하게 'be동사'만이 원형이라는 또 하나의 형태가 있긴 하다.

셋째, 빨리 읽어야 대화도 하고 책도 읽는다

 영어뿐만 아니라 우리말도 빨리 말해야 대화를 할 수 있다. 느리게 말하면 상대방이 답답해서 대화에 응하지 않는다. 책도 마찬가지이다. 너무 느리게 읽으면 의미 파악을 제대로 할 수 없다. 영어 시간에 선생님이 해석을 하면 문장 하나 하나는 들어 오지만 전체적으로 글의 뜻이 이해되지 않는 것과 마찬가지이다. 교과서를 끝냈음에도 불구하고 스토리는 거의 기억하지 못하는 이유도 바로 그 때문이다. 너무 천천히 읽으면 앞에 읽은 내용이 기억나지 않는다. 그러니까 밤새 책 한 권을 다 읽었다는 자랑은 자랑이 아니다. 책은 원래 그렇게 빨리 지속적으로 읽어야 모든 상황이 유지되고 기억되어 재미가 있다. 그러니까 교과서를 6개월 동안 한 권을 읽는 다는 건 참 재미없다. 물론 공부가 재미있다고 볼 순 없고 여러 종류의 이야기가 한 권에 담겨있으므로 오래 동안 공부할 수는 있지만 어쨌든 여러분은 그 중 하나라도 그 이야기가 기억나지 않을 가능성이 높은데 너무 오래 이야기를 읽기 때문이다.

 소리 내서서 책을 읽어도 책의 내용을 파악할 수가 없다. 그것은 왜냐하면 근본적으로 눈의 속도보다 머리의 속도가 빠르기 때문이다. 눈의 속도와 머리의 속도가 다르면 머리는 다른 곳으로 관심을 바꾸고 만다. 즉 머리가 쉬고 있는 것을 머리는 참지 못한다. 그러니까 대화도 나누고 책도 읽고 신문도 읽으려면 속도를 내지 않으면 진행할 수가 없다. 그러므로 빠르게 읽고 이해하는 훈련을 쌓아야 한다. 영작을 배워야 하는 중요한 이유이다. 우리가 알고 있는 문장, 정확히 이해하고 있는 문장은 읽는 속도가 훨씬 빨리 증가한다.

 입에서 말하는 속도가 눈보다 느리기 때문에 말하면서 이미 눈은 다음 단어에 가 있을 것이고 머리는 그보다 앞서 어떻게 빨리 발음하고 말하고 하는 것까지 생각한다. 그리고 이 부분은 누가 시켜서 하기가 어려운 부분이다. 그러므로 오로지 빨리 읽는 훈련과 빨리 이해하면서 읽는 것은 별도로 분리해서 방법을 찾아야 한다. 재미있게 할 수 있다면 금상첨화이다.

 영어를 빨리 말하고 읽으려면 기본적으로 해야 할 훈련이 필요하다. 기본기를 탄탄히 할 필요가 있다. 그렇지만 기본기가 되어 있다고 회화의 속도가 되지는 않고 책을 재미있게 읽는 속도가 되지 않는다. 책을 많이 읽어야 한다. 필자가 가르칠 때 기본기가 완성되면 회화를 할 수 있는 레벨에 이르기까지 적어도 100권(아주 쉬운 동화나 얇은 책을 의미)을 읽어야 된다고 가르치고 실제 그렇게 훈련을 시킨다. 책을 많이 읽지 않고 책을 읽는 속도가 빨라질 수 없다. 책을 읽는 속도가 더딘데 영화의 영어 자막을 읽을 수 없고 더욱이 해석하는 건 꿈도 못 꾼다. 아마 채 읽기도 전에 자막이 사라지는 경험이 있을 것이다. 최소한 그 자막을 읽고 순간적으로 해석할 능력이 되어야 한다. 바로 그게 듣기의 핵심이다.

문장을 빨리 해석도 못하는데 듣는 훈련을 한다는 건 너무나 어리석다. 필자의 제자들은 실제 한번도 듣는 훈련을 한 적이 없다. 그럼에도 점점 신기하게 들린다고 말한다. 들리는 게 아니라 순간적으로 듣고 해석하는 속도가 빨라진 것이다. 발음이 이상해서 안 들린다고? 물론 그건 모르는 단어이거나 자기도 구사할 줄 모르는 단어일 확률이 높다. 자기가 쓸 줄 알면 들린다. 아는 만큼 들리게 되어있다. 물론 아닌 경우도 일부 있지만 그건 금방 극복할 수 있다. 그건 아주 마이너(minor)한 문제이다. 일부 영어학자나 선생들이 발음이 매우 중요한 것처럼 말하는데 아니라고는 할 수 없지만 맨 마지막 단계에서 해결할 일이지 학습 초기에는 해당되지 않는다. 특히 말할 때 발음은 더욱이 그다지 중요하지 않다. 반기문 전 유엔 사무총장도 사실 발음이 그다지 좋은 편은 아니고 1970년대 영어선생님 발음이지만 미국 사람들 어느 누구도 발음이 나쁘다는 사람은 단 한 사람도 없다. 단어 하나 하나의 액센트나 발음이 중요한 것보다 단어와 단어 사이를 순간적으로 적당히 끊어 읽고 단어의 음 높이를 달리 하는 것이 가장 중요하다. 영어는 조사가 없기 때문이다. 그렇게 음높이를 달리 하지 않으면 '아버지 가방에 들어가신다'가 된다.

단어를 알고 말하는 것이 아니다.

7살 어린 아이가 과연 단어의 정확한 의미를 알고 말하는 것일까? 어른들은 자기가 구사하는 모든 단어의 뜻을 알고 설명할 수 있을까? 한마디로 그렇지 않다. 단어를 구사하는 것이 아니라 이러한 상황에서 이러한 단어나 숙어 혹은 관용적인 표현을 사용할 줄 아는 것이다. 그래서 단어의 뜻만 열심히 외우는 것은 문장을 구사하는데 그다지 도움이 되시 않는다. 단어가 포함된 문장을 익혀야 한다. 우리는 패턴 인식을 한다. 단어 하나 하나를 인식해서 의미를 파악하는 것이 아니라 문장 전체를 인식하고 이해한다. 어떤 익숙한 문장은 뒷부분을 읽지 않아도 그 뜻을 이해한다. 바로 그러한 문장들이 속담들이다.

 우리가 퀴즈 시간에 첫 몇 마디만 듣고도 단어나 속담을 맞추는 놀이를 하는 것도 패턴을 인식하기 때문이다. 인공지능 로봇을 개발할 때도 모든 단어를 기억할 수 있도록 데이터베이스에 저장하지 않는다. 그래서는 문장을 구사할 수 없으며 그렇다고 모든 문장을 기억 시킬 수도 없다. 그래서 패턴 인식이라는 방법을 통해 로봇이 스스로 학습하는 프로그램을 만든다. 즉 우리가 말하는 것은 단어의 나열이 아니라 패턴 인식을 하는 것이고 이를 통해 지금도 부단히 새로운 문장의 범위를 넓혀 가는 것이다.

 사람은 기억에 의존한다. 그러니까 기억을 하기 위해서는 반복이 필요하고 연습이 필요하다. 그리고 문장을 좀 더 잘 기억을 유지하려면 우리말과 영어를 같이 동시에 외워야 필요할 때 그 영어의 문장이 쉽게 떠오를 것이다. 외우는 방법도 단순 기억 방법이 아니다.

 기억에는 3가지 종류가 있다. 단순 기억, 감성 기억, 패턴 기억이 있다. 단순 기억은 암기의 방법으로 입력은 비교적 쉬운데 오래 유지하지 못한다. 가장 효율성이 떨어진다. 특히 성인이 되면 암기력이 떨어진다고 하는데 그게 아니라 성인은 모르는 단어를 만나면 단어를 분석하고 이해를 하려고 한다. 즉 이해하지 못하면 암기가 어렵다. 그러나 아동은 정반대이다.

 감성 기억은 슬프고 기쁜 기억들로 의지와 상관없이 저절로 기억이 되고 평생 잘 지워지지 않는다. 그래서 슬프고 나쁜 기억이 평생 괴롭힐 수 있다.

 패턴 기억은 자전거 타기, 바둑, 장기, 요리 등등 어떤 패턴을 기억하는 것이다. 패턴 기억은 한번 익히면 평생 잊혀지지 않는다. 그렇지만 기억의 과정이 조금 오래 걸린다. 이건 직접 몸소 체험하는 방식이 필요하다.

 바로 영어 공부가 패턴 기억의 방법이 되어야 한다. 단순 암기로는 경제성이 너무 떨어지는 방식이다. 누가 노력을 많이 하느냐에 달렸다느니 영어에 왕도가 없다느니 하는 것은 단순 암기의 방식의 입장에서 보면 그럴 수 있지만 너무 무식하고 효율성이 떨어지는 방식이다. 어린아이들조차도 외국어를 배울 때 암기하라고 하면 괴로워한다. 설령 성공한다고 해도 일주일 후에 보면 거의 대부분을 잊은 상태가 되기 십상이다. 심지어는 1시간 뒤에 물어도 기억이 나지 않을 가능성이 있다. 어른은 거의 그렇다. 잊지 않기 위해 지속적으로 반복하고 기억을 유지하고자 노력한다. 그래서 여러분들은 지금까지 중,고교 시절에 배운 영어 단어, 문장을 기억하고 있는가? 아마 10%도 안될 가능성이 높다. 더구나 쓰지도 않고 읽지도 않는데 기억날 리 없다. 그러나 그때 배운 악기나 장기, 바둑, 동요의 계명은 기억나지 않는가? 기억이 좋아서? 어렸을 때 외운 것은 평생 가기 때문에? 그런 것이 아니라 패턴을 인식하고 패턴을 기억하기 때문이다.

"아는 것"과 "이해하는 것"은 다르다

학교나 학원에서 단어가 포함하는 뜻 여러 가지를 열심히 외우지만 실제 회화나 문장에서는 과연 기억이 나서 사용할 수 있을까? 물론 해석을 할 때는 어느 정도 기억이 나겠지만 자기가 사용할 때는 떠오르지 않는다.

이것이 "안다"와 "이해한다"의 차이이다. 우리가 신문을 읽을 때 사용하는 단어가 만일 5000단어라면 글을 쓸 때 사용하는 단어는 분명 2000단어보다 훨씬 적은 숫자이다. 이해한다는 것은 완전히 자기의 것으로 소화하여 필요할 때 몸으로 말로 사용할 수 있다는 뜻이다. 예를 들면 우리가 많이 사용하는 속담이나 4字 성어의 경우 알고 있는 것은 무수히 많지만 실 생활에서 필요할 때 잘 구사하지 못하는 것을 알 수 있다. 즉 영어의 독해는 잘 하면서도 회화나 영작을 하지 못하는 것도 마찬가지의 이치이다. 그러니까 영작의 훈련을 하지 않으면 영어가 늘지 않는다. 미국 7살 어린 아이의 발음이 어려워서 듣지 못하는 것은 두 번째 문제이고 자신 스스로가 말도 한마디 못하는 것이다.

영어책에서 사용하는 우리말은 우리말이 아니다

영어책에는 문장을 이해시키기 위해 우리말의 번역을 달아 놓는다. 바로 이 것이 문제이다. 여기서 사용하는 번역의 문장은 실제로 우리가 사용하는 문장이 아닌 국적 불명의 언어이다. 글자만 한글일 뿐이지 그렇게 말하는 사람도 없고 그러한 문장을 사용한 도서는 찾아 볼 수 없다.

예를 들어 보통 영어책에는 "나의 주머니 속에는 동전이 한 개 있습니다." 라고 뇌어 있다면 우리는 대화에서 이렇게 말하지 않는다. "동전은 내가 갖고 있는데" 혹은 "주머니에 동전이 있지" 라고 한다. 여기에 존칭어까지 추가하면 같은 의미의 내용임에도 불구하고 종류가 대폭 늘어난다.

 위의 문장으로 영작을 하라면 잘 하는데 아래의 문장으로 영작을 하라면 같은 의미임에도 불구하고 영작을 하지 못한다. 물론 두 문장이 약간 뉘앙스가 다른 것은 사실이다. 그러나 우리가 영작을 하고 대화를 나눌 때 중요한 것은 일단 기본적인 의미 전달 능력부터 갖추고 나서 뉘앙스의 미묘한 차이를 표현할 수 있도록 언어의 구사 능력을 버전업(version up) 하여야 한다. 7살 어린아이가 주머니 속에 동전이 있다는 사실을 표현하는 정도만으로 우리의 영작 혹은 영어의 구사 능력을 1차적 목표로 하는 것이 좋을 것이다.

 이렇게 우리가 사용하지 않는 말로 영어를 배우고 영작을 배우기 때문에 해석은 겨우 하지만 영작을 하지 못하는 것이다. 그나마 영작을 별반 배우지도 않고 해 본적도 별로 없다. 회화를 못하는 것의 반은 영작을 못하기 때문이고 나머지 반은 번역도 못하기 때문이다. 번역을 대충해서는 안된다. 정확하게 하여야 하고 또 빠르게 번역을 하여야 한다. 문장 하나를 번역하는데 30초, 1분씩 걸린다면 그건 영어를 할 줄 아는 게 아니라 겨우 한참 시간을 들여 이해하는 수준에 불과하다. 책 1 page를 읽는데 1분 정도 걸려야 책을 재미있게 읽을 수 있다. 번역하면서 20분에 읽는다면 재미도 없고 책을 읽는다고 볼 수도 없고 당연히 들릴 수도 없다. 이 정도 수준이면 미국의 5살 어린아이가 읽는 책으로 빨리 수준을 낮추어야 한다. 폼나게 영어원서를 들고 전철에서 1 page를 넘기지도 않으면서 열 정거장 이상 가면 오히려 온 동네방네에 영어 못한다고 소문 내는 격이다.

1.2 가장 효율적인 영어 공부법은 바로 영작이다

 우리가 10년 넘게 영어를 공부하였음에도 불구하고 영어가 늘지 않는 이유는 영작을 하지 않기 때문이다. 사실 영작에 거의 모든 답이 있다고 해도 과언이 아니다. 영작을 하면 독해는 저절로 해결이 되고 회화도 거의 저절로 해결될 수 있다. 빨리 속도 있게 말하는 것도 문장의 의미를 아는 것과 밀접한 관계가 있다.

그렇다면 어떻게 영작을 보다 효과적으로 공부할 것인가?

위에서 왜 우리가 영어가 쉽게 늘지 않는지를 파악하였다. 바로 그 문제점을 해결할 수 있다면 가장 효율적으로 영작을 공부하게 될 것이다.

첫째, 영어에는 순서를 나열하는 일정한 패턴이 있다.

영어에서 순서를 나열하는 패턴이 바로 1, 2, 3, 4, 5 형식이다. 이 책에서는 형식이라는 표현 대신 패턴이라는 말을 사용할 것이다. 이것은 법이나 규칙이 아니기 때문에 패턴이라는 말이 정확하다. 또 순서를 바꾸면 말이 되지 않거나 문장의 의미가 달라지기 때문에 형식이라는 말보다 패턴이라는 말이 더 정확한 표현이다.

영어의 패턴은 다섯 가지가 있으며 각각은 다음과 같다.

Pattern #1   S + V

(주어 + 동사)

Pattern #2   S + V + C

(주어 + 동사 + 보어)

Pattern #3   S + V + O

(주어 + 동사 + 목적어)

Pattern #4   S + V + O + O

(주어 + 동사 + 제1 목적 + 제 2 목적)

Pattern #5   S + V + O + C

(주어 + 동사 + 목적어 + 목적어의 보어)

이 것이 바로 영어의 단어를 나열하는 순서이다. 위에서 알 수 있듯이 가장 중요한 것은 Pattern #1부터 #5까지 (주어 + 동사)가 공통적으로 존재한다는 것이다.

그러므로 (주어 + 동사)만 찾아서 나열하면 영작의 반을 해결할 수 있다. 이 부분이 어려운 이유는 한국어에서 우리는 보통 주어를 생략하고 말하는 경향이 강하고 간혹 아예 주어가 없는 경우도 많다. 그래서 처음에는 주어를 찾기 힘들다. 또 하나는 우리말의 주어라고 해서 영어의 주어와 반드시 일치하지는 않는다. 대개의 경우는 맞지만 영어식 표현에서의 주어와 우리말의 주어는 약간 다르다. 이것은 영작을 하면서 발견해야 하는 부분이다.

그 밖에 부사, 형용사, 전치사들이 문장의 어느 순서에 오는지를 눈 여겨 보아 그 패턴을 알 수 있다면 영작에 큰 도움이 될 것이다. 그러나 실제 상황에서 사용하려면 아는 것만으로는 부족하고 필요할 때 즉각 떠올라야 한다. 그러기 위해서는 문장을 외워야 하는데 그냥 외우는 것보다 이렇게 문장의 구조나 순서를 알면 외우는 데 크게 도움이 된다. 그래서 팝송의 가사는 문장을 외우는 데 크게 도움이 된다. 즉 외우는 것이 아니라 많이 공부를 해서 패턴을 인식하고 저절로 익혀져야 한다. 억지로 외워봤자 금방 기억에서 사라진다. 반복해서 읽는 것을 권한다. 반복해서 읽는 것이 '패턴 기억'이다. 한 문장을 여러 번 읽는 것은 '단순 기억'이고 문장 전체를 반복해서 여러 번 읽어야 패턴 기억이 된다.

우리가 어떤 것을 배울 때 소위 "감을 잡는다"는 말을 곧잘 한다. 이 말은 영어에 있어 패턴을 의미한다. 어떤 구조나 형태를 파악하게 되어 스스로 무엇인가 창조할 수 있는 단계에 이르렀다는 말이다. 패턴은 규칙이고 일정하게 반복되는 것이므로 영어의 패턴만 알면 일단 복잡하지 않은 패턴의 범위 내(범위 밖은 복문장을 의미한다)에 속하는 모든 문장을 만들어 낼 수 있을 것이다. 바로 이 부분이 영어의 가장 기초에 해당하는 부분이다.

순서와 더불어 존재하는 또 하나의 패턴이 시제이다.

현재, 과거, 미래, 혹은 완료형 등이 문장의 내용을 시간에 따라 분류한 것이고 시제들의 표현 방법은 일정한 패턴을 갖는다. 영어는 조사가 없기 때문에 동사를 시점에 맞추어 변화 시키거나 조동사를 활용한다. 조동사는 따로 문법처럼 익히는 것보다 동사와 합쳐서 익혀두는 것이 패턴 인식에 더 좋은 효과가 있으며 실제 대화에 사용할 때도 훨씬 유용하다.

둘째, 영어에만 존재하는 단어나 표현들을 익혀야 한다.

 영어에는 우리말에 존재하지 않는 관계대명사, 관사 들이 있고 전치사나, 접속사들 일부도 있다. 또는 동사나 형용사, 부사 등도 영어에만 존재하는 단어가 있으며 속담이나 사자성어처럼 영어에만 존재하는 관용적인 표현들이 있다.

 이러한 것들은 외우는 방법 밖에 없다. 그러나 이 역시 문법을 익히고 문장을 익힐 필요는 없다. 문법은 우리가 어느 정도 문장을 구성할 수 있을 때 나중에 한꺼번에 과학적인 질서와 분류를 정리해주는 것이지 문법을 처음부터 익혀서 문장을 만들어 내기는 힘들다. 말을 한다는 것은 순간적으로 패턴의 문장을 입에서 뱉어 내야지 머리 속으로 생각을 해서 만들어내는 속도로는 대화는커녕 편지도 제대로 한 장 쓰기 어렵다.

 이렇게 영어에만 존재하는 표현 역시 영작을 통해서 머리 속에 확실하게 기억 시켜야 한다. 모든 영어식 표현을 다 외우고 익힐 수는 없다. 첫 번째 단계에서는 미국의 7살 어린아이 수준, 생활에 필요한 정도의 수준에 맞추어 필요한 문장 구성력을 목표로 하고 차근차근 실력을 쌓아가면 된다. 영작을 할 때 기본 패턴에 따른 영작 수준에 다다르면 이러한 영어만의 표현을 하나씩 추가하며 익히면서 자기의 것으로 만들어야 한다. 영어 일기, 영어로 메일 쓰기, 한글로 된 간단한 책이나 블로그 등을 영어로 만들어 보기 등을 통해서 지속적으로 영작을 연습하여야 필요할 때 사용할 수 있다. 특히 외국인과 페이스북이나 트위터, 인스타그램 등을 통해서 직접 소통하는 경험은 영어 공부에 큰 도움이 된다. 그들이 쓰는 살아있는 영어를 매일 읽어볼 수 있다는 점은 매우 큰 장점이다.

셋째, 빨리 읽는 연습이 필요하다.

 느린 속도로는 대화를 나눌 수 없다. 어느 정도의 말하는 속도를 낼 수 있도록 연습을 하여야 한다. 책을 읽는 것도 마찬가지이다. 너무 책을 읽는 속도가 느리면 오히려 책의 내용을 파악할 수 없다. 두뇌의 속도가 눈이나 말보다 빠르기 때문에 두뇌가 의미를 파악할 수 있는 정도의 속도에 맞추어서 읽어야 내용과 의미의 파악이 가능하다.

 너무 읽는 속도가 빠르면 내용 파악은 가능할지 모르지만 정확한 의미 파악이 되지 않는다. 그 것은 우리말로 된 책을 읽을 때도 물론 마찬가지이다.

그러므로 일단 영어의 문장이 파악이 되면 말하는 속도를 낼 수 있도록 지속적인 읽는 연습이 필요하다. 읽으면 발음도 좋아지고 빨리 읽게 되면 들리는 거도 훨씬 잘 들린다. 자기가 정확히 알고 있는 문장을 언어 대화의 속도로 읽게 되면 영어 청취력은 저절로 좋아진다. 들린다는 것은 자기가 아는 것만큼 이해하는 것이다. 아무리 영어 회화를 잘해도 모르는 단어나 문장을 알아 들을 수는 없다.

 읽는 속도를 재미 있게 증가 시기기 위해 시간의 목표를 정해 놓고 읽을 때마다 시간을 재서 향상 하고 있는 모습을 스스로 체크하면 재미도 있고 덜 지루하다. 특히 미국 영어는 무척 빠르다. 캘리포니아 중심의 서부 영어는 빠른 영어를 구사하는 것을 매력으로 알고 있을 정도이다. 빨리 영어를 말하면 빨리 말할 때 영어의 발음이 어떻게 변화되는지 느낄 수가 있다. 마치 우리말의 구개음화나 연음 법칙처럼 영어도 빨리 말하게 되면 단어가 연이어 나오면서 발음이 변화되게 되는데 말하는 속도를 높이다 보면 이러한 부분이 저절로 해결된다. 그리고 당연히 말을 할 수 있다면 들리는 것도 아주 쉽게 해결된다.

1.3 이 책으로 공부하는 방법

이 책은 각각의 팝송마다 크게 두 부분으로 구분이 되어 있다. 하나는 우리말을 영어로 영작하기 위해 어떻게 해야 할 지 단계적으로 그 기술과 경험을 할 수 있도록 되어 있고. 또 하나는 거꾸로 영어를 우리말로 번역하기 위해 단계적으로 그 기술과 경험을 할 수 있도록 되어 있다. 영작의 방법을 먼저 쓴 이유는 한국어로 먼저 영어 팝송의 가사를 의미를 익히라는 의미이다. 일단 내용을 알면 공부를 할 때 큰 도움이 될 것이며 특히 영어를 공부하고자 할 때는 한국어가 어떻게 영어로 표현되는지 강력한 궁금증이 유발되리라 생각하기 때문이다.

 즉 다시 말해서 영어의 패턴을 인식하는 기술을 익히는 것이 중요하지 단어를 외우고 문장을 외우는 것이 중요하지 않다는 뜻이다. 영어를 공부할 때 우리에게 필요한 것은 영작과 번역의 기술이다. 영작과 번역의 기술에는 완성을 위해 각각 접근해야 하는 단계가 있다.

첫째, 한국어 가사를 보고 영작을 하는 단계적 기술 (영작의 기술)

1. 한국어 문장을 영어로 예상되는 하나 하나의 문장으로 분리한다.
   그리고 주어, 동사를 찾는다. 이 부분이 가장 중요한 핵심이다. 의외로 쉽지 않다.
2. 각각의 문장에 대해 동사의 시제를 결정한다. 영어에만 존재하는 시제를 파악하는 훈련
3. 각각의 문장에 대해 무슨 형식의 문장인지 결정한다. (1~5 형식 중 하나일 것이다.)
   특히 복문장 중에서 중문장 때문이라도 형식의 파악은 매우 중요하다.
   (문장 속에 문장이 들어가 있는 경우를 특히 복문장 중에서 중복된다고 하여 중문장이라고 한다. 예를 들면 주절, 목적절, 보어절 등등이 중문장이다.)
4. 한국어를 영어의 어순에 맞추어 양식에 배치한다. 즉 Pattern으로 분리한다.

여기까지 끝나고 나면 아마 거의 **90%** 영작이 쉬워질 것이다. 영작이라기보다 그냥 한국어 단어를 영어 단어로 바꾸는 수준으로 매우 간단 명료해진다.

둘째, 영어 가사를 보고 번역을 하는 단계적 기술 (번역의 기술)

1. 영작할 때와 마찬가지로 각각의 영어 문장을 분리한다. 그리고 주어, 동사를 찾는다.
2. 각각 문장의 시제를 파악한다. 영어에만 존재하는 시제를 이해한다.
3. 각각 문장의 형식을 파악한다.
4. 복문장의 경우 구성된 각각의 문장의 관계를 파악한다.
5. 영어를 어순과 형식에 맞추어 양식에 배치한다. 즉 Pattern으로 분리한다.

여기까지 끝나고 나면 아마 거의 **99%** 술술 번역이 될 것이다. 그냥 한국어로 바꾸기만 하면 되는 수준에 다다른다.

위에서 간단히 소개한 영작과 번역의 기술은 사실 '영어 구문론'에 입각한 것이다. 한 때 영어 구문론이 유행한 적이 있었는데 근본적으로 영국의 영어학자가 만든 것이라 다분히 영어식이며 한국어와의 차이점을 제대로 부각하지 못하고 있다. 영국인이나 미국인들은 영어가 알파벳 언어이고 알파벳언어는 모두 순서가 동일하므로 아마 한국어처럼 단어를 나열하는 순서와 상관이 없는 언어는 상상도 못했을 것이다. 실제로 한국어를 거의 모르는 외국인들과 이야기를

나누어 보면 한국어는 순서를 뒤죽박죽 섞어도 말이 통한다고 말하면 굉장히 의아해 한다. 자기네들은 거의 전 세계의 언어는 어떤 단어를 나열하는 순서가 동일하다고 생각하는 것 같다.

실제로도 조사가 완벽히 존재하는 언어는 한국어와 일본어이다. 거기에다 존댓말도 있다. 한국인과 일본인이 영어를 못하는 것은 발음이 어려워서가 아니라 영어와 완벽하게 단어를 나열하는 순서가 다르기 때문이다. 정확하게 말하면 순서가 다른 게 아니라 영어와 알파벳 언어는 순서가 완벽히 존재하지만 한국어와 일본어는 순서가 아예 존재하지 않으므로 순서의 개념이 하나는 있고 하나는 없다고 해야 된다. 순서와 상관이 없는 언어이고 순서와 상관이 있는 언어의 차이다. 그래서 영어권 국가의 사람들 혹은 알파벳언어 국가의 사람들은 영어를 쉽게 배우고 다른 알파벳언어를 쉽게 배운다. 우리가 일본어를 쉽게 배우는 것과 같은 이치이다.

팝송영어를 통해 영어의 순서가 어떻게 존재하고 어떻게 구성되는지 혹은 어떤 영어 단어들은 순서보다 놓여지는 위치가 중요하다는 것을 배우게 된다. 순서와 위치가 바뀌면 의미가 통하지 않거나 달라지게 된다. 순서는 바뀌면 아예 말이 안될 수도 있고 위치는 바뀌면 다른 의미가 될 가능성이 높다. 그러니까 아무렇게나 말해도 의미가 통할 수 있으리라는 짐작은 절대 하지 말아야 한다. 몸짓과 손동작을 통해 겨우 전달할 수도 있긴 하다. 그렇게 해서 겨우 생존할 정도의 영어는 구사할 수도 있다. 물건을 사고 호텔을 찾아가고 식당을 찾아가는 정도? 그 정도의 말로 충분하다고 주장하는 사람들은 아주 낮은 레벨의 삶으로도 만족하는 사람들이다. 외국인 친구를 만들고 외국인 친구와 사귀려면 문화와 역사, 예술을 이야기할 정도가 되어야 한다. 여행 역시 자기가 하고 싶고 찾아가고 싶고 보고 싶은 것을 보는 여행의 질을 높이려면 그정도 영어로는 되지 않는다.

그런 의미에서 팝송영어는 아주 좋은 영어의 기술을 익히는 훈련이 된다. 필자가 저술한 팝송영어가 5권까지 있으니까 대략 70곡이 넘는 팝송을 이러한 방법으로 익히고 반복해서 완전히 터득하면 충분히 영어회화를 구사할 수 있으리라 본다. 영어로 말하고, 듣고 영어로 된 책이나 자료를 읽는데 충분하다. 물론 팝송영어를 선택하였다는 자체가 이미 아주 기본적인 단계는 벗어났다는 것을 의미하므로 팝송영어를 공부하는데 어려움은 없을 것이다.

Chapter 2. 영작과 번역을 배우게 하는 팝송 영어

2.1 Without you

Harry Nilsson이 1971년 영국에서 발표한 곡으로 전 세계적으로 히트했다.
원래는 그룹 배드핑거의 **Pete Ham**과 **Tom Evans**가 공동 작곡한 곡으로
Harry Nilsson이 이 곡을 듣고 판권을 사들이고 편곡을 하여 발표했다.
그는 1941년 뉴욕 브루클린에서 태어났지만 어렸을 때 로스엔젤레스로 이사를 하였다.
집안이 워낙 가난하여 학교를 다니면서 파라마운트 극장에서 일을 하였지만 극장이 문을 닫
게 되자 은행에서 컴퓨터 프로그래머로 일하면서 간간이 레코드사에서 음악 관련 작업을
돕기도 하고 작곡을 하면서 유명 가수의 음반에 실리기 시작하게 되고
본격적인 음악인의 길을 걷게 되었다.
어렸을 때 **Ray Charles**의 음악을 듣고 깊은 감명을 받아 뮤지션이 되기로
마음을 먹었으며 삼촌 **John**이 그에게 우크렐레를 사주는 등 그의 음악적 재능을
향상 시키는데 많은 도움을 주었다. 나중에 기타와 피아노를 배웠다.
그는 공연을 그다지 많이 하지 않고 주로 작곡과 편곡 작업에 몰두하였다.
.'Without you' 이 곡은 아주 느린 곡이면서 슬픈 곡조를 띄고 있다.
그의 가늘고 미성인 목소리가 곡의 느낌을 잘 살리고 있다.
이 곡은 다른 화려한 팝송의 반주와는 달리 비교적 단순하게 편곡을 하여
노래의 멜로디와 가수의 가창력이 중심이 되도록 하였다.
특히 앞부분은 오로지 피아노만으로 진행을 하면서 연인을 그리워하는 마음을
가수가 애절하게 부른다. 그러다 후반부로 가면서 절규하는 듯한
목소리로 애타게 노래를 부른다. 그의 목소리는 가늘고 미세하게 떨리면서
남자치고는 높은 음역대로 노래한다. 그래서 보통 남자들이 원곡의 조성으로
노래를 하기가 부담스럽다. 약간 낮추어 불러야 한다.
마지막 후렴 부분은 사랑하는 여인을 절규하듯 애타게
'낭신 없이 살 수 없다'고 계속 반복해서 부른다. 그러면서 종지 부분의
연주가 반복되면서 천천히 사라지듯 노래가 끝난다.

2.1.A 한글 부분

Without You
(당신이 없다면)

오! 난 잊을 수 없어요, 이 밤, 또는 당신의 얼굴
떠나가고 있었을 때
이럴 수 밖에 없나 봐요.
이야기가 이렇게 흘러가는...
당신은 항상 웃지만
당신의 눈 속엔 슬픔이 보이네요.
네. 그렇게 보여요.

오!, 내일을 잊을 수 없겠지요
밀려 올 모든 슬픔을 생각하기만 하면,
거기에선 당신은 나의 것이었는데
그러나 당신을 떠나 보내주었지요.
지금 단지 공평한 건
당신이 알아야 할 것을
알려주어야만 했다는 거지요.
살 수가 없어요.
당신 없는 삶이라면.
난 살 수 없어요.
더 이상 당신에게 줄 수가 없네요.

2.1.A-1 영작 1단계 – 문장 찾기와 여러 개로 구분하기

1	난 이 밤을 잊을 수가 없어요, 또는 당신의 얼굴
1-1	떠나가고 있었을 때
2	나는 생각해요
2-1	이럴 수 밖에 없나 봐요
2-2	이야기가 그렇게 흘러가는
3	당신은 항상 웃지만
3-1	당신의 눈 속엔 슬픔이 보여요
4	네, 그렇게 보여요
5	내일을 잊을 수 없겠지요
5-1	나의 모든 슬픔을 생각할 때는
6	거기서 당신은 나의 것이었을 때
6-1	당신을 떠나 보내주었지요
7	지금 단지 공평한 건
7-1	당신이 알게끔 해야만 했었어요
7-2	당신이 알아야 할 것을
8	살 수가 없어요
8-1	당신 없는 삶이라면
9	더 이상 줄 수가 없네요

2.1.A-2 영작 2단계 – 주어, 동사 찾기와 동사의 시제 결정하기

1	난 이 밤을 잊을 수가 없어요, 또는 당신의 얼굴	현재
1	떠나가고 있었을 때	과거진행

2	나는 생각해요	현재
2-1	이럴 수 밖에 없나 봐요	현재
2-2	이야기가 그렇게 흘러가는	현재
3	당신은 항상 웃지만	현재
3-1	당신의 눈 속엔 슬픔이 보여요	현재
4	네, 그렇게 보여요	현재
5	내일을 잊을 수 없겠지요	현재
5-1	나의 모든 슬픔을 생각할 때는	현재
6	거기서 당신은 나의 것이었을 때	과거
6-1	당신을 떠나 보내주었지요	과거
7	지금 단지 공평한 건	현재
7-1	당신이 알게끔 해야만 했었어요	가정법과거
7-2	당신이 알아야 할 것을	가정법과거
8	살 수가 없어요	현재
8-1	당신 없는 삶이라면	현재
9	더 이상 줄 수가 없네요	현재

2.1.A-3 영작 3단계 – 문장의 형식 결정

1	난 이 밤을 잊을 수가 없어요, 또는 당신의 얼굴	P3
1-1	떠나가고 있었을 때	P1
2	나는 생각해요	P3
2-1	이럴 수 밖에 없나 봐요	P2
2-2	이야기가 그렇게 흘러가는	P1

3	당신은 항상 웃지만	P1
3-1	당신의 눈 속엔 슬픔이 보여요	P1
4	네, 그렇게 보여요	P1
5	내일을 잊을 수 없겠지요	P3
5-1	나의 모든 슬픔을 생각할 때는	P3
6	거기서 당신은 나의 것이었을 때	P3
6-1	당신을 떠나 보내주었지요	P5
7	지금 단지 공평한 건	P2
7-1	당신이 알게끔 해야만 했었어요	P5
7-2	당신이 알아야 할 것을	P3
8	살 수가 없어요	P1
8-1	당신 없는 삶이라면	P1
9	더 이상 줄 수가 없네요	P3

2.1.A-4 영작 4단계 - 영어의 Pattern 순서로 위치 변경하기

no	S	V	C or O	O or C	P
1	나는	잊을 수가 없어요	이 밤을 또는 당신의 얼굴을 (1-1)		3
1-1	당신이	떠나가고 있을 때			1
2	나는	생각해요	(2-1)		3
2-1	그것이	입니다	-바로 그 길(2-2)이라고		2
2-2	이야기가	흘러가는			1
3	당신은	-항상 웃어요			1
3-1	-그러나 -당신의 눈 속에 당신의 슬픔이	보여요			1
4	-네, 가인칭 (당신의 슬픔이)	보여요			1
5	-아니요 나는	잊을 수가 없어요	내일을		3
5-1	-때 내가	생각할 때	나의 모든 슬픔을		3
6	-때			-거기서	

	내가	가졌을 때	당신을		3
6-1	-그러나 나는	하게 했어요	당신이	가도록	5
7	-그리고 -지금 가인친	입니다	-오로지 공평해요(7-1)		2
7-1	나는	하게 했어야만 했어요	당신이	알게 (7-2)	5
7-2	무엇을 당신이	알았어야 할	(무엇을)		3
8	나는	살 수 없어요			1
8-1	-만일 삶이	입니다	-당신이 -없이		1
9	나는	줄 수 없어요	더 이상		3

2.1.B 영어 부문

Without You

No, I can't forget this evening
or your face as you were leaving.
But I guess that's just the way,
the story goes.
You always smile,
but in your eyes your sorrow shows.
Yes, it shows.
No, I can't forget tomorrow
when I think of all my sorrow.
When I had you there,
but then I let you go.
And now it's only fair
that I should let you know
what you should know.
I can't live,
if living is without you
I can't live
I can't give anymore

(* 읽기 목표 시간 – 25초)

2.1.B-1 번역 1단계 - 문장 구분하기

1	I can't forget his evening or your face
1-1	as you were leaving
2	But I guess
2-1	that's just the way
2-2	the story goes
3	You always smile
3-1	but in your eyes your sorrow shows
4	Yes, it shows
5	No, I can't forget tomorrow
5-1	when I think of all my sorrow
6	When I had you there
6-1	but then I let you go
7	And now it's only fair
7-1	that I should let you know
7-2	what you should know
8	I can't live
8-1	if living is without you
9	I can't give anymore

2.1.B-2 번역 2단계 - 주어, 동사 찾기와 동사의 시제 파악

1	I can't forget his evening or your face	현재
1-1	as you were leaving	과거진행
2	But I guess	현재
2-1	that's just the way	현재
2-2	the story goes	현재
3	You always smile	현재
3-1	but in your eyes your sorrow shows	현재
4	Yes, it shows	현재

5	No, I can't forget tomorrow	현재
5-1	when I think of all my sorrow	현재
6	When I had you there	과거
6-1	but then I let you go	과거
7	And now it's only fair	현재
7-1	that I should let you know	가정법과거
7-2	what you should know	가정법과거
8	I can't live	현재
8-1	if living is without you	현재
9	I can't give anymore	현재

2.1.B-3 번역 3단계 - 문장의 형식 파악

1	I can't forget his evening or your face	P3
1-1	as you were leaving	P1
2	But I guess	P3
2-1	that's just the way	P2
2-2	the story goes	P1
3	You always smile	P1
3-1	but in your eyes your sorrow shows	P1
4	Yes, it shows	P1
5	No, I can't forget tomorrow	P3
5-1	when I think of all my sorrow	P3
6	When I had you there	P3
6-1	but then I let you go	P5
7	And now it's only fair	P2
7-1	that I should let you know	P5
7-2	what you should know	P3
8	I can't live	P1

8-1	if living is without you	P1
9	I can't give anymore	P3

2.1.B-4 번역 4단계 - 복문장의 경우 문장과 문장과의 관계 파악

1 Dw	(I can't forget) this evening or your face	
1-1	as you were leaving	'as'는 떠나는 동시의 상황을 설명하기 위해 붙인 접속사 현재분사로 설명이 부족하여 동시에 일어나는 일을 문장으로 설명할 때 주로 앞에 'as' 접속사를 사용한다
2 FP33 -At	I guess	guess의 목적어가 2-1문장 (목적절)
2-1	that is just the way	2번 문장 guess의 목적어
2-2 At	the story goes	2-1 문장 the way를 설명하는 문장 관계대명사 'that'이 생략되었음
3 Pr	Your always smile	
3-1	but in your eyes your sorrow	3번 문장에 연이어 나열하는 문장
5 Dw	No, I can't forget Tomorrow	
5-1	when I think of all my Sorrow	5번 문장에 대한 어떤 조건적 상황을 뒤에서 설명
6 It	When I had you there	

6-1	but then I let you go	6번의 조건에 대한 결과의 문장
7 At	Now it's only fair	
7-1	I should let you know	7번 fair의 이유를 설명
7-2	what you should know	7-1 문장 know의 목적어
8 Dw	I can't live	
8-1	if living is without you	8번 문장에 대한 조건을 설명

- Dw(Do-While형) ; 결론을 먼저 말하고 조건을 뒤에서 설명하는 문장
- Fp33(Five Pattern 3형식 3번째 자리) ; 3형식 목적어 자리에 문장이 왔음
- At (Attatched형) ; 어떤 단어를 뒤에서 설명하는 문장(관계대명사)
- It (If-then형) ; 조건의 문장이 먼저 나오고 뒤에 그 결과의 문장이 나옴
- ◆ Dw의 반대형

(* 보다 자세한 내용에 대한 설명은 필자의 저서 '복문장 영작의 모든 것' 참조 – 모든 복문장은 코드로 표현할 수 있다.)

2.1.B-5 Pattern의 순서로 분리

No	S	V	C or O	O or C	P
1	-No **I**	**can't forget**	*this evening* *or* *your face*		3
1-1	-as **you**	**were leaving**			1
2	-But **I**	**guess**	**(2-1)**		3
2-1	**that**	**is**	-just **the way** (2-2)		2
2-2	**the story**	**goes**			1
3	**You**	-always **smile**			1
3-1	-but -in your eyes **your sorrow**	**shows**			1
4	-Yes **it**	**shows**			1
5	-No **I**	**can't forget**	**tomorrow**		3
5-1	-when **I**	**think of**	-all **my sorrow**		3
6	-When **I**	**had**	**you**	-there	3

6-1	-but *I*	*let*	*you*	*go*		5
7	-And -now *it*	*is*	-only *fair* (7-1)			2
7-1	-that *I*	*should let*	*you*	*know* (7-2)		5
7-2	*-what* *you*	*should know*				3
8	*I*	*can't live*				1
8-2	-if *living*	*is*	-without you			1
9	*I*	*can't give*	*anymore*			3

2.1.C. 주요 문장 분석

And now it is only fair that I should let you know what you should know.

3개의 문장으로 구성

- it is only fair.(2)

    의역 - (그리고 지금) 오로지 공평한 것입니다..

    (주어 + be 동사 + 보어) ; P 2-현재)

    'fair'를 설명하기 위해 뒤에 문장이 온다.

    이러한 용법을 흔히 'it ~ that ~' 용법이라고 하며 우리말로 볼 때 'that' 이하의 문장은 'it'를 의미하고 결국 that 이하의 문장을 의미상의 주어로 해석하면 자연스럽다.

- that I should let you know (5)

    직역 - 내가 당신이 알도록 시켜야만 했습니다.

    의역 - 내가 당신이 알도록 했어야만 했습니다.

    (주어 + 동사 + 목적어 + 목적보어 ; P5-과거)

    that 이하의 문장은 위 문장 'fair'를 설명하고 있다. 즉 공평한 이유에 대해서.

    원래 'to know'라고 해야 하는데 앞의 'let' 동사가 사역동사이므로 'to'를 생략했다. 즉 사역동사의 목적보어로 'to + 원형동사'인 to 부정사가 올 때는 'to'를 생략한다.

- what you should know (3)

    직역 - 당신이 알아야만 할 그 무엇을

    의역 - 당신이 알았어야 할 것을

    'know'의 목적어는 'what'이고 이 문장은 위 문장의 '... let you know' 문장에서 'know'의 목적어로 온 것이다.

2.2 Unchained Melody

The Righteous Brothers가 1965년에 발표하면서 크게 히트된 곡이다.
특히 1990년 영화 '사랑과 영혼 - 원제 Ghost'의 주제곡으로 사용되면서
전세계적으로 다시 한번 공전의 히트를 쳤다.
당시 청순한 이미지로 인기를 얻고 있는 Demi Moore가 여주인공을 맡고
'더티 댄싱'에서 매력남으로 인기를 얻고 있던 Patrick Swayze가 남주인공을 맡아
열연하였다. 당시 사람이 죽자마자 영혼이 몸에서 빠져나가는 장면을 매우 리얼하게
표현하고 이미 사망한 영혼의 상태인 남자와 아직 현실 세계에 있는 그의 애인인
여자와의 애절한 사랑을 잘 표현해서 공전의 히트를 쳤다.
원래는 1955년 영화 'Unchained'를 위해 Alex North가 작곡하고
Hy Zaret가 작사한 죄수에 관한 영화의 테마곡이었다.
670명이 넘는 뮤지션들이 각자의 version으로 노래를 했고 1500회 이상
녹음될 정도로 세계적으로 각광을 받는 곡이다. 2004년에는 100년 동안
기억될 100곡 중 27번째에 랭크되는 등 명곡으로 손꼽히고 사랑을 받고 있다.

The Righteous Brothers가 부른 곡은 Slow Rock 리듬인데 이 리듬은
대한민국 사람들이 가장 좋아하는 리듬이다. 대표적인 곡이 노사연의 '만남'이고
이문세의 곡들이 거의 대부분 이 리듬을 사용하고 있다.
4/4 박자이지만 3잇단 음표가 4개로 구성되어 있어 마치 왈츠의 느낌을 준다.
느리게 진행되며 3잇단 음표 매 첫 번째 박자에 악센트가 있어서 우리나라 사람들의
정서에 매우 어울리는 곡이다. 대개 서양음악은 뒷 박에 악센트가 있지만
우리나라의 국악은 앞 박에 악센트가 있다. 그러니까 앞 박에 악센트가 있는
Slow Rock 리듬이 친근하게 다가온다. 느리고 부드럽게 불러야 노래의 느낌을
잘 살릴 수 있다. 멜로디가 비교적 단순해서 찬송가 같은 느낌을 주기 대문에 누구라도
부르기가 쉽다. 가창력보다 감정을 잘 살려서 부르는 게 좋다. 물본 그러기 위해서는
가사와 음정, 박자를 신경 쓰지 않을 정도가 되어야 한다.

2.2.A 한글 부분

Unchained Melody

(끊이지 않는 멜로디)

오, 사랑하는 당신
외로울 때면 늘 당신의 감촉을
갈망해 왔어
시간이 너무 천천히 흐르네
시간은 원래 느린가 봐
아직도 당신은 내 거지?
난 당신의 사랑이 필요해
난 당신의 사랑이 정말 필요하다고
신이 당신의 사랑을 내게 보내셨어
외로운 강물들이 바다로 바다의 품으로 흘러가네
외로운 강물들 외롭게 표시하고 있어
'날 기다려줘, 날 기다려줘'
'나 집으로 돌아갈 거야'
'날 기다려줘'

2.2.A-1 영작 1단계 – 문장 찾기와 여러 개로 구분하기

1	오, 사랑하는 당신 외로울 때면 늘 당신의 감촉을 갈망해 왔어
2	시간이 너무 천천히 흐르네
3	시간은 원래 느린가 봐
4	아직도 당신은 내 거지?
5	난 당신의 사랑이 필요해
6	신이 당신의 사랑을 내게 보내셨어
7	외로운 강물들이 바다로 바다의 열린 품으로 흘러가네
8	외로운 강들이 표시하고 있어
8-1	기다려줘
8-2	나 집으로 돌아갈 거야

2.2.A-2 영작 2단계 – 주어, 동사 찾기와 동사의 시제 결정하기

1	오 사랑하는 당신 외로울 때면 늘 당신의 감촉을 갈망해 왔어	현재완료
2	시간이 너무 천천히 흐르네	현재
3	시간은 원래 느린가 봐	현재
4	아직도 당신은 내 거지?	현재
5	난 당신의 사랑이 필요해	현재
6	신이 당신의 사랑을 내게 보내셨어	현재
7	외로운 강물들이 바다로 바다의 열린 품으로 흘러가네	현재
8	외로운 강물들이 표시하고 있어	현재
8-1	날 기다려줘	현재

8-2	나 집으로 돌아갈 거야	미래진행

2.2.A-3 영작 3단계 – 문장의 형식 결정

1	오 사랑하는 당신 외로울 때면 늘 당신의 감촉을 갈망해 왔어	P3
2	시간이 너무 천천히 흐르네	P1
3	시간은 원래 느린가 봐	P3
4	아직도 당신은 내 거지?	P2
5	난 당신의 사랑이 필요해	P3
6	신이 당신의 사랑을 내게 보내셨어	P3
7	외로운 강물들이 바다로 바다의 열린 품으로 흘러가네	P1
8	외로운 강물들이 표시하고 있어	P3
8-1	날 기다려줘	P3
8-2	나 집으로 돌아갈 거야	P1

2.2.A-4 영작 4단계 - 영어의 Pattern 순서로 위치 변경하기

no	S	V	C or O	O or C	P
1	-오, -사랑하는 당신 나는	갈망해 왔어	당신의 감촉을	-늘 -외로울 때면	3
2	시간이	흐르네	-너무 -천천히		1
3	시간은	할 수 있어	그렇게		3

			-충분히		
4	당신은	입니까	-아직도 내 거지?		2
5	난	필요해	당신의 사랑을		3
6	신이	보내왔어 (이르게 하다, 성공 시키다)	당신의 사랑을	-내게	3
7	-외로운 강물들이	흘러가	-바다로 -열린 품으로 -바다의		1
8	-외로운 강물들이	표시하고 있어	8-1 8-2		3
8-1	(당신은)	기다려줘	나를		3
8-2	나는	꼭 돌아갈 거야	집으로		1

2.2.B 영어 부문

Unchained Melody

Oh, my love, my darling.
I've hungered for your touch along lonely time
And time goes by so slowly
And time can do so much
Are you still mine?
I need your love
I need your love
God speed your love to me
Lonely rivers flow to the sea, to the sea
To the open arms of the sea
Lonely rivers sign
'Wait for me, Wait for me!
I'll be coming home
Wait for me!'

(* 읽기 목표 시간 – 25초)

2.2.B-1 번역 1단계 - 문장 구분하기

1	Oh, my love, my darling I've hungered for your touch along lonely time
2	Time goes by so slowly
3	Time can do so much
4	Are you still mine?
5	I need your love
6	God speed your love to me
7	Lonely rivers flow to the sea, to the sea to the open arms of the sea
8	Lonely rivers sign
8-1	Wait for me
8-2	I'll be coming home

2.2.B-2 번역 2단계 - 주어, 동사 찾기와 동사의 시제 파악

1	Oh, my love, my darling I've hungered for your touch along lonely time	현재완료
2	Time goes by so slowly	현재
3	Time can do so much	현재
4	Are you still mine?	현재
5	I need your love	현재
6	God speed your love to me	현재
7	Lonely rivers flow to the sea, to the sea to the open arms of the sea	현재
8	Lonely rivers sign	현재
8-1	Wait for me	현재
8-2	I'll be coming home	미래진행

2.2.B-3 번역 3단계 - 문장의 형식 파악

1	Oh, my love, my darling I've hungered for your touch along lonely time	P3
2	Time goes by so slowly	P1
3	Time can do so much	P3
4	Are you still mine?	P2
5	I need your love	P3
6	God speed your love to me	P3
7	Lonely rivers flow to the sea, to the sea to the open arms of the sea	P1
8	Lonely rivers sign	P1
8-1	Wait for me	P3
8-2	I'll be coming home	P1

2.2.B-4 번역 4단계 - 복문장의 경우 문장과 문장과의 관계 파악

8 Fp33	Lonely rivers sign	sign의 목적어로 8-1, 8-2 문장 2개 옴 (즉 목적절)
8-1 Pr	Wait for me	8번 문장 동사 'sign'의 목적어 문장 'sign'이 동사로 사용되었다. (목적어로 문장 2개가 나란하게 와서 process형에 해당하여 Pr)
8-2	I'll be coming home	sign의 두 번째 목적어 문장 (목적절)

- Fp33(Five Pattern 3형식 3번째 자리) ; 3형식 목적어 자리에 문장이 왔음
- Pr(Process형) ; 발생한 시간의 순서대로 나열한 문장

(* 보다 자세한 복문장의 형태에 대한 설명은 필자의 저서 '복문장 영작의 모든 것' 참조 – 모든 복문장은 코드로 표현할 수 있다.)

2.2.B-5 Pattern의 순서로 분리

No	S	V	C or O	O or C	P
1	-Oh, -my love -my darling *I*	have hungered for	your touch	-along -lonely time	3
2	-And *time*	goes by	-so -slowly		1
3	-And *time*	can do	-so much		3
4	*You*	are	-still mine?		2
5	*I*	need	your love		3
6	*God*	speed	your love	-to me	3
7	-Lonely *rivers*	flow	-to the sea -to the open arms of the sea		1
8	-Lonely *rivers*	sign	8-1 8-2		3
8-1	*(you)*	Wait for	me		3
8-2	*I*	will be coming	-home		1

2.2.C. 주요 문장 분석

1) God speed your love to me.
   3형식의 문장
   직역 - 신이 당신의 사랑을 나를 향해 성공에 이르게 하다.
   의역 - 하나님이 당신의 사랑을 내게 이르게 하였어.

'speed'는 주어 다음에 왔으므로 동사가 분명하다. 또 'your love'가 명사(명사구)이므로 speed의 목적어가 분명하다. 그러므로 'speed'는 타동사가 확실하므로 사전에서 타동사의 의미를 찾아야 한다. speed를 사전에서 찾으면 거의 마지막 부분에 타동사의 의미가 나온다. '성공시키다, 이르게 하다' 이런 뜻이 나온다. 'to me'는 부사형 전치사 'to'가 있으므로 방향성을 갖고 있어 목적어로 취급하지 않는다.
기독교 신자들은 'God'를 1인칭 취급한다. 그래서 speeds라고 하지 않는다.

2) Lonely rivers sign 'Wait for me, I'll be coming home'
   3형식의 문장

   직역 - 외로운 강물들이 '나를 기다려줘, 난 집으로 돌아가는 중일 거야.'라고 표시를 한다
   의역 - 외로운 강물이 표시하고 있어 '기다려줘, 난 집으로 꼭 돌아갈 거야'

원래 자연에 해당하는 'river'는 복수형을 쓰지 않지만 시적인 표현으로 썼다.
보통 집으로는 간다고 표현하지 않고 온다고 표현한다.
'I'll be coming home'에서 home은 부사의 품사도 되므로 'to'를 붙이지 않았다. 'to home'이라고 해도 틀리지 않는데 이 때는 명사로 쓰인 것이다.
미래진행의 시제는 '~을 할 예정이다'의 뜻이지만 '꼭 ~ 할 거야'의 뜻으로 해석하는 것이 좋다. 내용상으로도 미래보다 훨씬 강한 예정된 미래이다.

2.3 Hard to say 'I am sorry'

Soft Rock과 재즈를 주로 연주하면서 명성을 얻은 그룹 Chicago가 1982년 발표한 곡이다. Chicago는 수준 높은 연주와 곡의 독특한 해석, 화려한 연주로 그룹 Queen과 더불어 '팝의 황제', '팝의 클래식'이라는 명성을 얻고 있다. 특히 관악기를 늘 편성하고 힘있게 연주하여 오케스트라와 맞먹는 웅장하고 꽉 찬 사운드로 명성이 자자하다.
그들이 연주하고 부른 'If you leave me now'는 명곡 중의 명곡으로 손꼽히며 DJ들이 가장 많이 선곡하는 연주곡이다.
'Hard to say I am sorry'는 그룹 멤버인 베이스 연주자 Peter Cetera가 작곡하였는데 주로 그는 관악기 편성을 아주 좋아해서 그룹 Chicago가 Horn-Driven Sound라는 명칭을 얻게 하는데 크게 기여하였다.
이 곡은 단촐하게 Piano로 시작되지만 진행을 하면서 악기가 점점 불어나고 나중에는 화려한 배경음악이 노래보다 더 멋지게 연주된다.
그들의 창법은 가정과 진성을 오가며 특이한 사운드를 내는데 마치 남자들이 여자의 목소리를 흉내 내는 느낌을 주지만 여성들과는 사뭇 다른 강력한 사운드를 낸다. 노래 중간에 관악기 편성의 연주를 들을 수 있는데 멋진 멜로디도 그렇지만 악기 연주의 감상만으로도 즐겁다.
노래의 후반부에 가면 발라드한 곡이 갑자기 빨라지면서 강력한 4 beat의 사운드로 연주한다. 다소 발라드한 노래와 어울리지 않는 후반부를 붙여서 완전히 다른 두 곡을 연이어 부르는 듯한 사운드를 구태여 한 곡에 담았는지 잘 이해되지 않는다. 그래서인지 이 곡을 부른 많은 다른 가수들은 후반부를 부르거나 연주하지 않았다.
트럼펫이나 트럼본 같은 악기는 관악기 중에서도 쇠로 만들어졌다고 하여 금관악기라고 한다. 그들은 이러한 금관악기를 자유자재로 다루고 있다.
이러한 관악 편성은 연습하면서 만들어지기보다 사전에 철저한 편곡과 악기에 대한 풍부한 지식과 이해가 없으면 쉽지 않다. 상당한 음악성과 작곡, 편곡에 이르기까지 음악에 대한 이론적 배경을 필수적으로 요구한다.

2.3.A 한글 부분

Hard to say 'I am sorry'
('미안하다고' 말하는 건 힘들어)

"모든 사람은 약간은 서로 떨어져 있을 필요가 있어요"
그렇게 그녀가 말하는 걸 들었지요
사랑하는 사람들도 서로 떨어져 휴식이 필요해요
날 안아줘요
미안하다고 말 하는 게 내겐 어려워요
나는 꼭 당신이 머물렀으면 좋겠어요
결국 우리가 통하게 되었잖아요
내가 다 보상할게요
약속해요.
결국 모두 같이 지내고 말해왔고 다 했잖아요.
당신은 정말 나의 일부에요
당신을 떠나 보낼 순 없어요
당신 몸으로부터 멀리 있게 되었던 그날 난 견딜 수 없었어요
내가 사랑하는 그 사람으로부터 멀리 떨어져
휩쓸린 채로 있고 싶지 않았을 거에요
날 안아줘요 지금.
미안하다고 정말 당신에게 말하고 싶어요
당신을 결코 보낼 수 없어요
당신은 운이 좋은 사람이 될 거에요
우리가 공중을 날아 그 곳에 다다르면
아무도 없어 아무도 우리를 볼 수 없을 거에요
결국 우리가 더 이상 아무 신경 쓸 것이 없다는 걸 당신은 알 거에요

2.3.A-1 영작 1단계 – 문장 찾기와 여러 개로 구분하기

1	그렇게 그녀가 말하는 걸 들었어요
1-1	모든 사람은 약간은 떨어져 있을 필요가 있어요
2	사랑하는 사람들도 서로 떨어져 휴식이 필요해요
3	나를 안아줘요
4	말하는 건 나에겐 어려워요
4-1	미안하다고
5	나는 꼭 당신이 머물렀으면 좋겠어요
6	결국 우리가 통하게 되었잖아요
7	내가 다 보상해줄게요
8	약속해요
9	결국 모든 같이 지내고, 말해왔고 다 했잖아요
10	당신은 정말 나의 일부에요
11	당신을 떠나 보낼 순 없어요
12	당신 몸으로부터 멀리 있게 되었던 그날 난 견딜 수 없었어요
13	그 사람으로부터 멀리 떨어져 휩쓸린 채로 있고 싶지 않았을 거에요
13-1	내가 사랑하는
14	지금 나를 안아줘요
15	나는 진정 당신한테 말하고 싶어요
15-1	미안하다고
16	나는 절대 당신을 보낼 수 없었어요
17	당신은 운이 좋은 사람이 될 거에요
18	우리가 공중을 날아서 거기에 다다르게 되면
18-1	아무도 우리를 보는 사람이 없을 거에요
18-2	거기엔 아무도 없으니까요

19	결국 당신도 알잖아요
19-1	우리는 진정으로 신경 쓰지 않아도 되는
20	기다려요
21	내가 당신을 그리로 데려갈게요

2.3.A-2 영작 2단계 - 주어, 동사 찾기와 동사의 시제 결정하기

1	그렇게 그녀가 말하는 걸 들었어요	과거
1-1	모든 사람은 약간은 떨어져 있을 필요가 있어요	현재
2	사랑하는 사람들도 서로 떨어져 휴식이 필요해요	현재
3	나를 안아줘요	현재
4	말하는 건 나에겐 어려워요	현재
4-1	미안하다고	현재
5	나는 꼭 당신이 머물렀으면 좋겠어요	현재
6	결국 우리가 통하게 되었잖아요	현재완료
7	내가 다 보상해줄게요	미래
8	약속해요	현재
9	결국 모든 같이 지내고, 말해왔고 다 했잖아요	현재완료
10	당신은 정말 나의 일부에요	현재
11	당신을 떠나 보낼 순 없어요	현재
12	당신 몸으로부터 멀리 있게 되었던 그날 난 견딜 수 없었어요	가정법 과거
13	그 사람으로부터 멀리 떨어져 휩쓸린 채로 있고 싶지 않았을 거에요	가정법 과거
13-1	내가 사랑하는	현재
14	지금 나를 안아줘요	현재
15	나는 진정 당신한테 말하고 싶어요	현재

15-1	미안하다고	현재
16	나는 절대 당신을 보낼 수 없었어요	가정법과거
17	당신은 운이 좋은 사람이 될 거에요	현재진행
18	우리가 공중을 날아서 거기에 다다르게 되면	현재
18-1	아무도 우리를 보는 사람이 없을 거에요	미래
18-2	거기엔 아무도 없으니까요	현재
19	결국 당신도 알잖아요	현재
19-1	우리는 진정으로 신경 쓰지 않아도 되는	현재
20	기다려요	현재
21	내가 당신을 그리로 데려갈게요	현재진행

2.3.A-3 영작 3단계 – 문장의 형식 결정

1	그렇게 그녀가 말하는 걸 들었어요	P5
1-1	모든 사람은 약간은 떨어져 있을 필요가 있어요	P3
2	사랑하는 사람들도 서로 떨어져 휴식이 필요해요	P3
3	나를 안아줘요	P3
4	말하는 건 나에겐 어려워요	P2
4-1	미안하다고	P2
5	나는 꼭 당신이 머물렀으면 좋겠어요	P5
6	결국 우리가 통하게 되었잖아요	P1
7	내가 다 보상해줄게요	P3
8	약속해요	P3
9	결국 모든 같이 지내고, 말해왔고 다 했잖아요	P1
10	당신은 정말 나의 일부에요	P2

11	당신을 떠나 보낼 순 없어요	P3
12	당신 몸으로부터 멀리 있게 되었던 그날 난 견딜 수 없었어요	P1
13	그 사람으로부터 멀리 떨어져 휩쓸린 채로 있고 싶지 않았을 거에요	P3
13-1	내가 사랑하는	P3
14	지금 나를 안아줘요	P3
15	나는 진정 당신한테 말하고 싶어요	P3
15-1	미안하다고	P2
16	나는 절대 당신을 보낼 수 없었어요	P5
17	당신은 운이 좋은 사람이 될 거에요	P1
18	우리가 공중을 날아서 거기에 다다르게 되면	P3
18-1	아무도 우리를 보는 사람이 없을 거에요	P3
18-2	거기엔 아무도 없으니까요	P2
19	결국 당신도 알잖아요	P3
19-1	우리는 진정으로 신경 쓰지 않아도 되는	P1
20	기다려요	P1
21	내가 당신을 그리로 데려갈게요	P1

2.3.A-4 영작 4 단계 - 영어의 Pattern 순서로 위치 변경하기

no	S	V	C or O	O or C	P
1	나는	들었어요	그녀가	말하는 걸 (1-1)	5
1-1	모든 사람은	필요가 있어요	약간의 시간이	-멀리서	3
2	-조차도 사랑하는 사람들도	필요가 있어요	휴식이	-멀리 -서로에게서	3
3	(당신은)	안아줘요	나를		3
4	가인칭	입니다	어려워요 -나에게	-말하는 건	2
4-1	나는	입니다	미안한		2
5	나는	-꼭 원해요	당신이	머무르는 것을	5
6	-결국 우리가	통하게 되었잖아요			1
7	내가	보상할게요	이 것을	-당신에게	3
8	나는	약속해요	(7-1)		3
9	-결국 그것이	같이 지내왔고 말해왔고 했어요			1
10	당신은	이에요	-정말 나의 일부에요		2

11	나는	하게 할 순 없어요	가도록		3
12	난	견딜 수가 없었어요	-존재해 있는 걸	-멀리 -바로 그날 -당신의 몸에서	1
13	나는`	원하지 않았을 거에요	휩쓸린 상태를	-멀리서 -그 사람으로부터 (13-1)	3
13-1	내가	사랑하는			3
14	(당신은)	안아줘요	나를	-지금	3
15	나는	싶어요	말하고	-당신에게	3
15-1	나는	입니다	미안하다고		2
16	나는	하게 할 순 없어요	당신이	가게	5
17	당신은	가려고 해요	-존재하게	-좋은 사람으로	1
18	-될 때 우리가	다다르게	거기에	-가면서 -날라서 -공중에서	3
19	-결국 당신은	알지요	(말 안해도 뭔가)		3
19-1	우리는	-진정으로 신경 쓰지 않는			1
20	(당신은)	기다려요			1

| 21 | 나는 | 하려고 해요 | -데려가는 것을 | -당신을
-거기로 | 1 |

2.3.B 영어 부문

Hard to say 'I am sorry'

"Everybody needs a little time away",
I heard her say, "from each other".
Even lovers need a holiday
far away from each other.
Hold me now. It's hard for me to say I'm sorry.
I just want you to stay.
After all that we've been through,
I will make it up to you. I promise to.
And after all that's been, said and done,
You're just the part of me.
I can't let go.
Couldn't stand to be kept away
just for the day from your body.
Wouldn't wanna be swept away
far away from the one that I love.
Hold me now. I really want to tell you I'm sorry.
I could never let you go.
You're gonna be the lucky one.
When we get there gonna jump in the air
no one'll see us cause there's nobody there.
After all, you know, we really don't care
Hold on, I'm gonna take you there.

(* 읽기 목표 시간 – 55초)

2.3.B-1 번역 1단계 - 문장 구분하기

1	I heard her say
1-1	everybody needs a little time away from each other
2	Even lovers need a holiday far away from each other
3	Hold me now
4	It is hard for me to say
4-1	I am sorry
5	I just want you to stay
6	After all that we've been through
7	I will make it up to you
8	I promise to
9	And after all that has been, said and done.
10	You're just the part of me
11	I can't let go
12	Couldn't stand to be kept away just for the day from your body
13	Wouldn't want to be swept away far away from the one
13-1	that I love
14	Hold me now
15	I really want to tell you
15-1	I am sorry
16	I could never let you go
17	You're going to be the lucky one
18	When we get there going to jump in the air
18-1	no one will see us
18-2	cause there is nobody there
19	After all, you know
19-1	we really don't care
20	Hold on
21	I am going to take you there

2.3.B-2 번역 2단계 - 주어, 동사 찾기와 동사의 시제 파악

1	I heard her say	과거
1-1	everybody needs a little time away from each other	현재
2	Even lovers need a holiday far away from each other	현재
3	Hold me now	현재
4	It is hard for me to say	현재
4-1	I am sorry	현재
5	I just want you to stay	현재
6	After all that we've been through	현재완료
7	I will make it up to you	미래
8	I promise to	현재
9	You're just the part of me	현재
10	And after all that has been, said and done.	현재완료
11	I can't let go	현재
12	Couldn't stand to be kept away just for the day from your body	가정법과거
13	Wouldn't want to be swept away far away from the one	가정법과거
13-1	that I love	현재
14	Hold me now	현재
15	I really want to tell you	현재
15-1	I am sorry	현재
16	I could never let you go	가정법과거
17	You're going to be the lucky one	현재진행
18	When we get there going to jump in the air	현재
18-1	no one will see us	미래
18-2	cause there is nobody there	현재
19	After all, you know	현재

19-1	we really don't care	현재
20	Hold on	현재
21	I am going to take you there	현재진행

2.3.B-3 번역 3단계 - 문장의 형식 파악

1	I heard her say	P5
1-1	everybody needs a little time away from each other	P3
2	Even lovers need a holiday far away from each other	P3
3	Hold me now	P3
4	It is hard for me to say	P2
4-1	I am sorry	P2
5	I just want you to stay	P5
6	After all that we've been through	P2
7	I will make it up to you	P3
8	I promise to	P3
9	You're just the part of me	P2
10	And after all that has been, said and done.	P1
11	I can't let go	P3
12	Couldn't stand to be kept away just for the day from your body	P1
13	Wouldn't want to be swept away far away from the one	P3
13-1	that I love	P3
14	Hold me now	P3
15	I really want to tell you	P3
15-1	I am sorry	P2
16	I could never let you go	P5
17	You're going to be the lucky one	P1

18	When we get there going to jump in the air	P3
18-1	no one will see us	P3
18-2	cause there is nobody there	P2
19	After all, you know	P3
19-1	we really don't care	P1
20	Hold on	P3
21	I am going to take you there	P1

2.2.B-4 번역 4단계 - 복문장의 경우 문장과 문장과의 관계 파악

1 Vo	I heard her say	say의 목적어로 1-1 문장이 옴 (원래는 'to say'가 맞지만 앞의 'heard'가 지각동사이므로 'to'를 생략한 것임)
1-1	everybody needs a little time away from each other	위 문장 'say'의 목적어문장 즉 목적절
4 Vo	It is hard for me to say	'to say'의 목적어로 4-1 문장이 옴
4-1	I am sorry	'to say의 목적어 문장 즉 목적절
13 At	Wouldn't want to be swept away far away from the one	the one을 설명하기 위해 13-1 문장이 옴
13-1	that I love	관계대명사 'that' 이하의 문장이 위 문장 'the one'을 설명하고 있음 (원래는 사람이므로 관계대명사 'who'가 와야 하지만 선행사가 바로 앞에 있고 혼돈의 여지가 전혀 없을 땐 'that'을 쓰기도 함)
15 Vo	I really want to tell you	'to tell'의 목적어로 15-1 문장이 옴

15-1	I am sorry	'to tell'은 동사의 성격상 2개의 목적어를 갖는다. 1. '~에게', 2. '~을' 여기서는 2번 '~을'의 목적어로 온 것이다.
18 It-Dw	When we get there going to jump in the air	이 문장의 조건의 결과로 아래의 18-1, 18-2 2개가 온 것이다. 그런데 18-2는 18-1에 대한 이유를 설명한다.
18-1	no one will see us	위의 문장 조건에 대한 결과의 문장
18-2	cause there is nobody there.	18-1 문장에 대한 이유를 설명
19 Fp33	After all, you know	'know'의 목적어로 19-1 문장이 옴
19-1	we really don't care	

- Vo(Verb object) ; 본동사가 아닌 중간에 나오는 동사의 목적어로 온 문장 'to 부정사', '현재분사', '동명사' 등의 목적어로 단어 대신 문장이 온 경우이다
- At(Attached) ; 관계대명사 즉 어떤 단어를 뒤에서 문장으로 설명하고 있음
- It(If-then) ; 조건이 먼저 나오고 그 뒤에 그 조건에 따른 결과의 문장이 오는 경우
- Dw(Do-while) ; 먼저 결과의 문장이 나오고 뒤에서 그 문장에 대한 조건이나 상황을 설명한다. It형의 정반대이다.
- Fp33(Five Pattern 3형식 3번째 자리) ; 3형식 목적어 자리에 문장이 왔음

(* 보다 자세한 복문장의 형태에 대한 설명은 필자의 저서 '복문장 영작의 모든 것' 참조 – 모든 복문장은 코드로 표현할 수 있다.)

2.3.B-5 Pattern의 순서로 분리

No	S	V	C or O	O or C	P
1	I	heard	her	say	5
1-1	everybody	needs	a little time	-away -from -each other	3
2	-Even lovers	need	a holiday	-far away -from -each other	3
3	(you)	Hold	me	-now	3
4	It	is	hard -for me	-to say (4-1)	2
4-1	I	am	sorry		2
5	I	-just want	you	to stay	5
6	-After all -that we	have been	through		2
7	I	will make	it	up -to you	3
8	I	promise	to (make)		3
9	You	are	-just the part of me		2
10	-And after all -that				

	we	*have been, said* and ***done***			1
11	*I*	*can't let*	*go*		3
12	*(I)*	*Couldn't stand*	*to be* kept -away	-just -for the day -from -your body	3
13	*(I)*	*Wouldn't want*	*to be* swept away	-far away -from -the one (13-1)	3
13-1	-that *I*	*love*			3
14	*(you)*	*hold*	*me*	-now	3
15	*I*	-really *want*	*to tell*	-you	3
15-1	*I*	*am*	*sorry*		2
16	*I*	*could never let*	*you*	*go*	5
17	*You*	*are going*	-to be	-the lucky one	1
18	-When *we*	*get*	*there*	-going -to jump	3

				-in the air	
18-1	**no one**	**will see**	**us**		3
18-2	-cause **there**	**is**	**nobody**	-there	2
19	-After all **you**	**know**	**19-1**		3
19-1	**we**	-really **don't care**			1
20	**(you)**	**Hold on**			1
21	**I**	**am going**	-to take	-you -there	1

2.3.C. 주요 문장 분석

1) "Everybody needs a little time away" I heard her say "from each other"

   직역 - "모든 사람은 떨어져 있는 약간의 시간이 필요해요", 나는 그녀가 말하는 것을 들었어요, "서로에게"

   의역 - 나는 그녀가 말하는 걸 들었어요. "모든 사람은 서로 떨어져 있는 시간이 필요하다고"

   이 문장은 'I heard her say'가 중간에 들어있어 혼돈을 준다. 실제 회화에서 혹은 소설이나 동화의 문장에서도 이렇게 말하고 싶은 중요한 문장을 처음부터 말하고 중간에 주어, 동사에 대한 주된 문장을 넣는 경우가 종종 있다. 그러므로 이 문장은 원래의 영어식대로 표현한다면

   I heard her say "Everybody needs a little time away from each other." 라고 해야 맞다.

   'say'는 'to say'라고 해야 하지만 본동사인 heard가 지각 동사이므로 'to'를 생략한 것이다. 설령 본동사가 아니더라도 'to say' 앞에서 'to say'를 이끄는 동사가 사역동사이거나 지각동사이면 'to'를 생략한다.

   예) I want to let you say "I love you".
   - 난 너에게 '난 널 사랑해'라는 말하는 걸 시키고 싶어

   I want to hear you say "I love you".
   - 난 네가 '난 널 사랑해'라고 말하는 걸 듣고 싶어

2) When we get there going to jump in the air no one will see us cause there is nobody there.

   직역 - 우리가 공중을 점프하고 가면서 거기에 도착하게 되면 없는 사람이 우리를 볼 거야,

거기엔 아무도 없는 사람이 존재하니까

의역 – 우리가 공중을 날아서 그곳에 도착하면 거기엔 아무도 없으니까 우리를 볼 사람이 아무도 없을 거야..

복문장의 조건 중에서 앞에 어떤 조건이 나오고 그 결과의 문장이 뒤에 나오는 전형적인 'If-then' 형태의 문장이다. 그런데 뒤의 문장이 또 복문장으로 왔다. 뒤의 문장은 결론을 먼저 말하고 그 이유에 해당하는 'cause' 이하의 문장이 왔다. 이렇게 결과가 먼저 오고 나중에 그 이유나 조건을 설명하는 경우를 'Do-while' 형태의 문장이라고 한다. (*이건 필자의 주장임)

즉 문장을 분석하면 조건에 해당하는 It가 먼저 나오고 뒤에 Dw가 나오기 때문에 'It-Dw'라고 표기하였다.

여기서 또 하나의 주의해서 볼 사항은 'when' 문장이 올 때 항상 'when'이 먼저 나오는 것도 아니고 뒤에 올 수도 있다는 점이다. 그러나 'when'이 앞에 오는 것과 뒤에 오는 것은 분명한 차이가 있다.

예 1) When you get home, text me.
　　너 집에 도착하면 나한테 문자 보내라.
예 2) I was watching a movie on TV, when my mother came into my room.
　　어머니가 내 방에 들어오실 때 난 TV로 영화를 하나 보고 있었어.

예 **1번** 문장은 'when' 조건이 성립되어야 뒤의 문장이 오기 때문에 앞에 써야 한다. 즉 'If-then' 문장이 되는 것이다. ('변형된 가정법'이라고도 함)
예 **2번** 문장은 뒤에 있는 'when' 문장은 앞의 문장에 영향을 주지 않고 오로지 상황을 설명할 뿐이다. 그러므로 이럴 때 'when' 문장은 뒤에 두는 것이다.

2.4 Stand by your man

Tammy Wynette가 1968년 발표한 곡이다. 그녀는 폴란드 이민 2세로 태어나 미국에서 팝컨트리 가수로 성공하였다. 그의 아버지는 농부이자 지역 가수로 활동하였는데 그녀가 태어난지 불과 9개월만에 뇌종양으로 죽었다. 아버지가 연주하였던 여러 악기를 갖고 놀며 음악적 재능을 키웠지만 집안이 너무 가난하였고 엄마마저 그녀를 친정 부모에게 맡기고 떠나서 그녀는 외할아버지와 외할머니 밑에서 화장실도 없는 집에서 살았다. 여러 직업을 전전하며 컨트리 가수의 꿈을 잃지 않았고 일찍 결혼한 이후 그녀의 남편이 그녀가 음악을 공부하고 가수의 길을 걸을 수 있도록 도왔다. 그녀는 미국 이민자 가족으로 가장 성공한 컨트리 여가수 '1호'로 통한다. 나중에 남편과 이혼하고 컨트리 가수 최고의 남자로 인기 절정에 있었던 Jonny Cash와 결혼하고 그와 많은 앨범 작업에 참여하였다. 이 곡은 모든 여자들로부터 사랑을 받은 전형적인 여성상을 칭송한 노래이다. 현대에 와서는 페미니스트로부터 순종적인 여성상에 대해 공격 받기도 하지만 지고지순하게 한 남자만을 사랑하는 가사와 부드러운 멜로디로 인해 우리나라의 드라마에도 삽입곡으로 사용되어 인기를 끌었으며 미국에서도 여러 영화에 테마 음악으로 사용되었다. 지금도 우리나라 TV에서는 드라마와 연예 프로그램에서 여자가 남자한테 사랑을 느낄 때 배경음악으로 종종 사용된다. 그녀는 한 남자를 사랑해야 한다고 노래했지만 그녀는 5번 결혼하고 이혼하였다. 이 노래는 전형적인 컨트리음악으로 미국인이 가장 즐겨 부르는 올드팝의 대표곡이라고 할 수 있다. 4분의 4박자의 곡이지만 베이스음의 진행이 1도와 5도를 오가면서 컨트리 리듬의 walking을 보여주고 있다. 후렴 부분의 창법은 풍부한 성량으로 마음껏 내질러도 음악의 맛이 나는 노래이다. 기타를 처음 배울 때 많이 연습하는 곡이다. 기타로 이곡을 제대로 연주할 수 있으면 컨트리의 느낌을 알 수 있다. 그리고 베이스 진행의 원리를 파악하기에 좋다.

2.4.A 한글 부분

Stand by your man
(당신의 남자 옆에 있으세요)

가끔은 단지 한 남자에 당신의 모든 사랑을 주면서
여자로 산다는 것이
어려울 때가 있습니다
당신이 힘든 시간을 보낼 때
그 남자는 좋은 시간을 보낼 수도 있습니다.
당신이 전혀 이해하지 못하는 일을 하면서 말이죠
그러나 그를 사랑한다면
그를 용서할 거에요.
비록 그를 이해하기 어렵다 할지라도
그리고 그를 사랑한다면
그를 자랑스럽게 여기세요
결국 그 사람도 남자일 뿐이잖아요.
그의 곁에 있으세요
그를 안아주세요
그리고 다가올 수 있도록 따스한 뭔가도 주세요
밤이 춥고 외로울 때면
그의 곁에 있으세요
그리고 그를 사랑하는 세상을 보여주세요
그에게 모든 사랑을 항상 주세요
당신이 할 수 있는 한

2.4.A-1 영작 1단계 – 문장 찾기와 여러 개로 구분하기

1	가끔은 단 한 남자에게 당신의 모든 사랑을 주면서 여자로 산다는 것이 어려울 때가 있습니다
2	당신은 어려운 시간을 보내게 될 것이고
2-1	그가 뭔가를 하면서 좋은 시간을 보내려고 하고
2-2	당신이 이해 못하는 일을
3	그러나 그를 사랑한다면
3-1	그를 용서할 거에요
3-2	비록 그를 이해하기 어렵다 할지라도
4	그리고 그를 사랑한다면
4-1	그를 자랑스럽게 여기세요
4-2	결국 그 사람도 남자일 뿐이잖아요
5	그의 곁에 있으세요
6	그를 안아주세요. (그에게 매달릴 수 있도록 두 팔을 내주세요) 그리고 다가올 수 있도록 따스한 뭔가도 주세요
6-1	밤이 춥고 외로울 때
7	그의 곁에 있으세요
7-1	그리고 세상을 보여주세요
7-2	당신이 그를 사랑하는
8	그에게 모든 사랑을 항상 주세요
8-1	당신이 할 수 있는 한

2.4.A-2 영작 2단계 – 주어, 동사 찾기와 동사의 시제 결정하기

1	가끔은 단 한 남자에게 당신의 모든 사랑을 주면서 여자로 산다는 것이 어려울 때가 있습니다	현재
2	당신은 어려운 시간을 보내게 될 것이고	미래
2-1	그가 뭔가를 하면서 좋은 시간을 보내려고 하고	미래
2-2	당신이 이해 못하는 일을	현재
3	그러나 그를 사랑한다면	현재
3-1	그를 용서할 거에요	미래
3-2	비록 그를 이해하기 어렵다 할지라도	현재
4	그리고 그를 사랑한다면	현재
4-1	그를 자랑스럽게 여기세요	현재
4-2	결국 그 사람도 남자일 뿐이잖아요	현재
5	그의 곁에 있으세요	현재
6	그를 안아주세요. (그에게 매달릴 수 있도록 두 팔을 내주세요) 그리고 다가올 수 있도록 따스한 뭔가도 주세요	현재
6-1	밤이 춥고 외로울 때	현재
7	그의 곁에 있으세요	현재
7-1	그리고 세상을 보여주세요	현재
7-2	당신이 그를 사랑하는	현재
8	그에게 모든 사랑을 항상 주세요	현재
8-1	당신이 할 수 있는 한	현재

2.4.A-3 영작 3단계 – 문장의 형식 결정

1	가끔은 단 한 남자에게 당신의 모든 사랑을 주면서 여자로 산다는 것이 어려울 때가 있습니다	P2
2	당신은 어려운 시간을 보내게 될 것이고	P3
2-1	그가 뭔가를 하면서 좋은 시간을 보내려고 하고	P3
2-2	당신이 이해 못하는 일을	P3
3	그러나 그를 사랑한다면	P3
3-1	그를 용서할 거에요	P3
3-2	비록 그를 이해하기 어렵다 할지라도	P2
4	그리고 그를 사랑한다면	P3
4-1	그를 자랑스럽게 여기세요	P2
4-2	결국 그 사람도 남자일 뿐이잖아요	P2
5	그의 곁에 있으세요	P1
6	그를 안아주세요. (그에게 매달릴 수 있도록 두 팔을 내주세요) 그리고 다가올 수 있도록 따스한 뭔가도 주세요	P4
6-1	밤이 춥고 외로울 때	P2
7	그의 곁에 있으세요	P1
7-1	그리고 세상을 보여주세요	P3
7-2	당신이 그를 사랑하는	P3
8	그에게 모든 사랑을 항상 주세요	P3
8-1	당신이 할 수 있는 한	P3

2.4.A-4 영작 4단계 - 영어의 Pattern 순서로 위치 변경하기

no	S	V	C or O	O or C	P
1	-가끔은 가인칭	입니다	어렵습니다 -산다는 것 -여자로	-주면서 -모든 당신의 사랑을 -단지 -한 남자께	2
2	당신이	가질 것이고	어려운 시간을		3
2-1	그는	가질 것입니다	좋은 시간을	-하면서 -뭔가를 (2-2)	3
2-2	당신이	이해하지 못하는			3
3	-만일 (당신이)	사랑한다면	그를		3
3-1	당신은	용서하세요	그를		3
3-2	-비록 그가	입니다	어렵다	-이해하기	2
4	-만일 당신이	사랑한다면	그를		3
4-1	(당신이)	하세요(존재하세요)	자랑스럽게	그를	2
4-2	-니까 -결국 그는	입니다	한 남자		2
5	(당신은)	곁에 있어요	-당신의 남자		1

6	(당신은)	주세요	그에게	두 팔을 -매달리도록 -따뜻한 것이 -오도록	4
6-1	-때 밤들이	입니다	춥고 외롭고		2
7	(당신이)	곁에 있어요	-당신의 남자		1
7-1	(당신이)	보여주세요	세상을(8-2)		3
7-2	당신이	사랑한다	그 사람을		3
8	(당신은)	계속하세요	주는 것을	-모든 사랑을	3
8-1	당신이	(계속)할 수 있는	(주는 것을)		3

2.4.B 영어 부문

Stand by your man

Sometimes it's hard to be a woman
giving all your love to just one man.
You'll have bad times, he'll have good times
doing things that you don't understand
But if you love him, you'll forgive him
even though he's hard to understand
And if you love him, oh be proud of him,
cause after all he's just a man.
Stand by your man.
Give him two arms to cling to
and something warm to come to
when nights are cold and lonely.
Stand by your man,
and show the world you love him
Keep giving all the love you can.
Stand by your man.

(* 읽기 목표 시간 – 35초)

2.4.B-1 번역 1단계 - 문장 구분하기

1	Sometimes it is hard to be a woman giving all your love to just one man
2	You will have bad times
2-1	he will have good times doing things
2-2	that you don't understand
3	But if you love him
3-1	you will forgive him
3-2	even though he is hard to understand
4	And if you love him
4-1	oh, be proud of him
4-2	cause after all he is just a man
5	Stand by your man
6	Give him two arms to cling to and something warm to come to
6-1	when nights are cold and lonely
7	Stand by your man
7-1	and show the world
7-2	you love him
8	Keep giving all the love
8-1	you can

2.4.B-2 번역 2단계 - 주어, 동사 찾기와 동사의 시제 파악

1	Sometimes it is hard to be a woman giving all your love to just one man	현재
2	You will have bad times	미래
2-1	he will have good times doing things	미래
2-2	that you don't understand	현재
3	But if you love him	현재
3-1	you will forgive him	미래
3-2	even though he is hard to understand	현재
4	And if you love him	현재
4-1	oh, be proud of him	현재
4-2	cause after all he is just a man	현재
5	Stand by your man	현재
6	Give him two arms to cling to and something warm to come to	현재
6-1	when nights are cold and lonely	현재
7	Stand by your man	현재
7-1	and show the world	현재
7-2	you love him	현재
8	Keep giving all the love	현재
8-1	you can	현재

2.4.B-3 번역 3단계 - 문장의 형식 파악

1	Sometimes it is hard to be a woman giving all your love to just one man	P2
2	You will have bad times	P3
2-1	he will have good times doing things	P3
2-2	that you don't understand	P3
3	But if you love him	P3
3-1	you will forgive him	P3
3-2	even though he is hard to understand	P2
4	And if you love him	P3
4-1	oh, be proud of him	P2
4-2	cause after all he is just a man	P2
5	Stand by your man	P1
6	Give him two arms to cling to and something warm to come to	P4
6-1	when nights are cold and lonely	P2
7	Stand by your man	P1
7-1	and show the world	P3
7-2	you love him	P3
8	Keep giving all the love	P3
8-1	you can	P3

2.4.B-4 번역 4단계 - 복문장의 경우 문장과 문장과의 관계 파악

2 Pr-At	You'll have bad times	두 개의 문장이 나열되고 두 번째 문장 마지막 things를 덧붙여 설명하는 문장이 있다
2-1	he'll have good times doing things(2-2)	2번 문장 뒤에 추가로 대등한 문장을 나열
2-2	that you don't understand	2-1번 문장 'things'을 설명하는 문장
3 It-Dw	But if you love him	어떤 조건에 따른 결과의 문장이 있고 다시 그 뒤에 어떤 제한적 조건을 덧붙이고 있다.
3-1	you'll forgive him	3번 조건의 문장에 대한 결과의 문장
3-2	even though he's hard to understand	3-1 문장에 대한 또 하나의 조건적 상황을 덧붙인 문장
4 It-Dw	And if you love him	어떤 조건에 따른 결과의 문장이 있고 다시 그 뒤에 어떤 제한적 조건을 덧붙이고 있다.
4-1	be proud of him	4번 조건에 대한 결과의 문장
4-2	cause after all he's just a man	4-1 문장에 대한 또 하나의 조건적 상황을 덧붙인 문장
6 Dw	Give him two arms to cling to and something warm to come to	먼저 결과의 문장을 말하고 뒤에서 어떤 상황적인 조건을 덧붙인 문장
6-1	when nights are cold and lonely	
7 Pr-At	Stand by your man	
7-1	and show the world	7번 문장에 이어 대등한 다른 문장을 나열
7-2	you love him	7-1문장 the world를 설명하는 문장
8 Dw	Keep giving the world	결과의 문장 뒤에 어떤 조건적 상황을 나열한 문장
8-1	you can (keep giving)	8번 문장의 조건을 덧붙임

- Pr-At(Process - Attached) ; 코드가 두 개 있다면 3개의 문장으로 이루어진 복문장이라는 의미이다. 전체적으로는 Process형 문장으로 이루어져 있고 뒤의 문장에 설명을 위해 덧붙여진 문장(문법에서는 관계대명사라고 한다)이 있다는 의미로 '-'이 있으면 덧붙인 At 문장이 뒤에 있다는 뜻이고 만일 Pr(At)라고 되어 있다면 덧붙인 문장이 앞의 문장에 있다는 의미가 된다.
- It-Dw(If-then – Do-while) ; 전체적으로는 3개의 문장으로 이루어진 복문장이면서 It형 문장 즉 앞에 어떤 조건을 제시하고 뒤에 그 결과의 문장이 있다는 의미이고 뒤의 문장에 어떤 조건적 상황이 덧붙여 있다는 의미가 된다. 그리고 다시 뒤의 문장은 2개의 문장으로 이루어져 있고 Dw이므로 먼저 결과의 문장을 언급하고 뒤에서 어떤 제한적 조건의 상황을 덧붙이고 있다. '-'이 있으면 덧붙인 At 문장이 뒤에 있다는 뜻이고 만일 Pr(At)라고 되어 있다면 덧붙인 문장이 앞의 문장에 있다는 의미가 된다.
- Dw(Do-while) ; 먼저 결과의 문장을 언급하고 뒤에서 어떤 제한적 조건의 상황을 덧붙이고 있다.

(* 보다 자세한 복문장의 형태에 대한 설명은 필자의 저서 '복문장 영작의 모든 것' 참조 – 모든 복문장은 코드로 표현할 수 있다.)

2.4.B-5 Pattern의 순서로 분리

No	S	V	C or O	O or C	P
1	-Sometimes *it*	*is*	hard	-to be -a woman -giving -All your love -to just one man	2
2	*You*	*will have*	*bad times*		3
2-1	*he*	*will have*	*good times*	-doing -things	3
2-2	*that* *you*	*don't* *understand*			3
3	-But -if *you*	*love*	*him*		3
3-1	*you*	*will forgive*	*him*		3
3-2	-even though *he*	*is*	*hard*	-to understand	2
4	-And -if *you*	*love*	*him*		3
4-1	*(you)*	*Be*	*proud of*	-him	2

4-2	-cause -after all **he**	**is**	-just **a man**		2
5	**(You)**	**Stand by**	your man		1
6	**(you)**	**Give**	him	**two arms** -to cling to -and **something** warm -to come	4
6-1	-when **nights**	**are**	**cold** -and **lonely**		2
7	**(you)**	**Stand by**	**your man**		1
7-1	-and **(you)**	**show**	**the world** (7-2)		3
7-2	**you**	**love**	**him**		3
8	**(you)**	**Keep**	**giving**	-all the love	3
8-1	**you**	**can (keep)**	**(giving)**		3

2.4.C. 주요 문장 분석

1) And if you love him, oh be proud of him, cause after all he's just a man.

직역 – 그리고 만일 그이를 사랑한다면 그를 자랑스럽게 여기세요, 결국 그도 한 남자잖아요.

의역 – 그리고 만일 그이를 사랑한다면 그도 한 남자에 불과하니까 그를 자랑스럽게 여기세요.

단문장 3개가 엮어진 복문장으로 위에서 설명한 바와 같이 **It-Dw**형 문장이다.
어떤 조건의 문장이 제시되고 그 결과의 문장이 오는데 그 문장도 어떤 조건의 상황이 열거되어 있다. 조건이 앞에서 제시되면 **If-then** 문장이고 뒤에서 제시되면 **Do-while**형 문장이다. 조건이 앞에 있다면 조건이 매우 중요하기 때문이고 조건이 성립되지 않으면 뒤의 문장은 존재하지 않는다.
그러나 조건이 뒤에 있다는 건 중요한 전달할 문장은 앞에 있는 것이고 뒤의 문장은 하나의 참조 사항에 불과하다. 없어도 의사 전달에는 문제가 없다.
즉 복문장에서 조건이 앞에 있느냐 뒤에 있느냐는 결국 중요도에 달려있다. 말하는 화자의 중심에서가 아니라 듣는 청자가 궁금해 할 것이냐 아니냐의 문제로 볼 수 있다.
원래는 'You be proud of him'이라고 해야 하나 명령어이기 때문에 주어 'you'를 생략하였으며 명령어는 원형을 사용하므로 'be'동사가 원형으로 온 것이다.

2) Keep giving all the love you can.

직역 – 계속하세요 당신이 할 수 있는 모든 사랑을 주는 것을

의역 – 당신이 줄 수 있는 모든 사랑을 계속 주세요.

'the love'를 뒤에서 덧붙여 설명하고 있다. 즉 관계대명사 'that'이 생략된 문장이다.
또한 'you can keep giving'이라고 해야 하지만 동사가 중복되므로 구태여 나열하지 않

은 것이다.

 영어에서는 '계속 주세요'라고 하지 않고 '계속하세요 주는 것을'이라고 표현하는 것이 영어의 특징이다. 즉 '계속'을 부사로 사용하지 않고 동사로 사용하고 그 목적어인 '동사'를 동명사의 형태를 취한다. 그래서 keep의 목적어로는 동명사만이 올 수 있다. 어찌보면 너무나 당연한 말인데 어떤 행동을 계속 지속하는 것이므로 동사가 올 수 밖에 없고 그 형태를 부정사가 아닌 동명사의 형태를 취하는 것이다.

 보통 이럴 때 동명사를 목적어로 취하는 동사를 외우는데 물론 외우는 것이 좋긴 하지만 잊어버리는 것이 문제이다. 여기서는 동명사보다는 '현재분사'가 목적어로 왔다고 이해하는 것이 기억을 하는데 도움이 될 것이다. 형태가 결국 같기 때문이다. 즉 '주고 있는 동작 중 상태'이므로 의미상으로는 현재분사가 훨씬 가깝다. 그렇게 이해하고 동명사를 목적어로 왔다고 기억하면 된다. 사실 문법적으로 정확히 구별할 필요도 없다. 정확하게 사용할 수 있다면 그만이다.

2.5 Sorry seems to be the hardest word

한국인이 제일 좋아하는 팝아티스트 중 하나인 **Elton John**의 명곡이다.
그는 한국을 특히 사랑해서 여러 번 내한 공연을 갖은 바 있으며
심지어는 소극장인 **EBS** 스튜디오 공감에서 공연한 적도 있다.
그는 가수이자 작곡가이며 피아니스트이다. 1947년 영국에서 태어나
어렸을 때부터 신동이라 불리는 피아노의 천재였다.
이제까지 3억장이 넘는 앨범이 판매되었으며 미국 빌보드차트 40 위 안에 들어간
곡이 무려 50곡 이상이며 영국 왕실로부터 기사 작위도 수여했다.
최근에는 '라이온 킹'을 비롯하여 여러 뮤지컬의 곡에도 참여하고 있다.
그는 다소 괴상할 정도의 복장을 하고 기행을 일삼는 것으로 유명하며
10여 년 전에는 그의 오래된 동성 애인과 결혼식도 올렸다.
이 곡은 1975년 발표된 앨범 'Blue Moves'에 수록된 곡으로 가사는
Bernie Taupin이 했다. 그는 엘튼 존과 1967년 이래로 지금까지 공동으로
음악작업을 했고 모든 곡의 가사를 썼다.
'Sorry Seems to be the hardest word'는 한국인이 가장 사랑하는
팝송이며 많은 가수가 이 곡을 불렀다.
피아노로 시작되는 이 곡은 매우 자연스럽고 편안하게 들리지만 수준 높은
연주 테크닉이 필요한 피아노의 반주로 되어있다. 비교적 복잡하고 어려운 화성으로
구성되어 있지만 듣기에는 자연스럽다. 이처럼 어려운 코드를 구사하면서 듣기에
편안한 곡이 정말 훌륭한 곡이라고 할 수 있다.
아주 슬픈 곡이긴 하지만 강하고 성량이 풍부하게 불러야 하며 감정을 실어서
불러야 노래의 맛과 멋을 살릴 수 있다. 많은 가수들이 이 곡에 도전하지만
엘튼 존의 노래와는 비교될 수 없다. 그만큼 그의 노래는 힘이 있고 표현이 좋다.
한국인 중에서는 **JK**김동욱의 버전이 좋다. 특히 그의 밴드가 하는 연주가 멋지고
곡의 느낌을 잘 살리고 있다.
아마추어가 소화해서 도전하기는 쉽지 않은 곡이다.

2.5.A 한글 부분

Sorry seems to be the hardest word
(미안하다는 말이 가장 어려운 말인 거 같아요)

당신이 날 사랑하게 하기 위해
내가 무엇을 했죠?
당신이 나를 돌보게 하기 위해
내가 무엇을 했죠?
번개가 나를 향해 치면
난 무엇을 하죠?
당신이 없다는 것을 깨달으며 깨어납니다.
당신이 날 원하게 하려면
내가 무엇을 하죠?
그 소리를 듣기 위해
내가 무엇을 했죠?
모든 것이 끝났을 때
난 무슨 말을 해야 하죠?
미안하단 말이 가장 어려운 말 같아요.

슬퍼요, 정말 슬퍼요
너무나 슬픈 상황이네요
점점 더 나쁜 상황이 되어가고 있어요
왜 우리는 말을 끝내지 못하는 거죠?
그 말이 나한테는 그래요
그런 미안하단 말이 가장 어려운 말 같아요

2.5.A-1 영작 1단계 – 문장 찾기와 여러 개로 구분하기

1	당신이 날 사랑하게 하기 위해 내가 무엇을 했죠?
2	당신이 날 돌보게 하기 위해 내가 무엇을 했죠?
3	나는 무엇을 하죠?
3-1	번개가 나를 향해 치면
4	나는 깨달으며 깨어납니다
4-1	당신이 거기 없다는 것을
5	당신이 나를 원하게 하려면 무엇을 하죠?
6	그 소리를 듣기 위해 내가 무엇을 했죠?
7	난 무슨 말을 해야 하죠?
7-1	모든 것이 끝났을 때
8	미안하다는 말이 가장 어려운 거 같아요
9	슬퍼요, 정말 슬퍼요
10	너무나 슬픈 상황이네요
11	점점 더 나쁜 상황이 되어가고 있어요
12	왜 우리는 말을 끝내지 못하는 거죠?
13	그 말이 나한테는 그래요
14	그런 미안하다는 것이 가장 어려운 말인 거 같아요

2.5.A-2 영작 2단계 – 주어, 동사 찾기와 동사의 시제 결정하기

1	당신이 날 사랑하게 하기 위해 내가 무엇을 했죠?	현재완료
2	당신이 날 돌보게 하기 위해 내가 무엇을 했죠?	현재완료
3	나는 무엇을 하죠?	현재

3-1	번개가 나를 향해 치면	현재
4	나는 깨달으며 깨어납니다	현재
4-1	당신이 거기 없다는 것을	현재
5	당신이 나를 원하게 하려면 무엇을 하죠?	현재
6	그 소리를 듣기 위해 내가 무엇을 했죠?	현재완료
7	난 무슨 말을 해야 하죠?	현재
7-1	모든 것이 끝났을 때	현재
8	미안하다는 말이 가장 어려운 거 같아요	현재
9	슬퍼요, 정말 슬퍼요	현재
10	너무나 슬픈 상황이네요	현재
11	점점 더 나쁜 상황이 되어가고 있어요	현재진행
12	왜 우리는 말을 끝내지 못하는 거죠?	현재
13	그 말이 나한테는 그래요	현재
14	그런 미안하다는 것이 가장 어려운 말인 거 같아요	현재

2.4.A-3 영작 3단계 – 문장의 형식 결정

1	당신이 날 사랑하게 하기 위해 내가 무엇을 했죠?	P3
2	당신이 날 돌보게 하기 위해 내가 무엇을 했죠?	P3
3	나는 무엇을 하죠?	P3
3-1	번개가 나를 향해 치면	P3
4	나는 깨달으며 깨어납니다	P1
4-1	당신이 거기 없다는 것을	P1
5	당신이 나를 원하게 하려면 무엇을 하죠?	P3

6	그 소리를 듣기 위해 내가 무엇을 했죠?	P3
7	난 무슨 말을 해야 하죠?	P3
7-1	모든 것이 끝났을 때	P2
8	미안하다는 말이 가장 어려운 거 같아요	P2
9	슬퍼요, 정말 슬퍼요	P2
10	너무나 슬픈 상황이네요	P2
11	점점 더 나쁜 상황이 되어가고 있어요	P2
12	왜 우리는 말을 끝내지 못하는 거죠?	P5
13	그 말이 나한테는 그래요	P2
14	그런 미안하다는 것이 가장 어려운 말인 거 같아요	P2

2.5.A-4 영작 4단계 - 영어의 Pattern 순서로 위치 변경하기

no	S	V	C or O	O or C	P
1	내가	해왔죠	한 것이	-무엇이죠 -만들기 위해 -당신이 -사랑하게 -나를	3
2	내가	해왔죠	한 것이	-무엇이죠 -만들기 위해 -당신이 -돌보게	3
3	나는	하지요	무엇을		3
3-1	-때 번개가	칠 때	나를		3
4	나는	일어납니다	-깨닫기 위해		1
4-1	당신이	없다	-거기에		1
5	나는	하죠	무엇을	-만들기 위해 -당신이 -원하게 -나를	3
6	나는	해왔죠	한 것이	-무엇이 -듣게 되기 위해	3
7	나는	말하지요	뭐라고		3
7-1	가이침	입니다	끝났다		2
8	미안하다	인 것 같아요	가장 어려운 말		2

9	가인칭	입니다	슬퍼요	-너무나 슬퍼요	2
10	가인칭	입니다	나쁜 상황		2
11	가인칭	되어가는 중이에요	-점점 더 나쁜 상황으로		2
12	-왜 우리는	말할 수 없나요	그것이	끝났다고	5
13	그것이	인 거 같아요	(어려운 말)	-나에게는	2
14	-그런 미안함이	인 거 같아요	가장 어려운 말		2

2.5.B 영어 부문

Sorry seems to be the hardest word

What have I got to do to make you love me
What have I got to do to make you care
What do I do when lightning strikes me
And I wake to find
that you're not there
What do I do to make you want me
What have I got to do to be heard
What do I say
when it's all over
And sorry seems to be the hardest word

It's sad, so sad
It's a sad, sad situation
And it's getting more and more absurd
Why can't we talk it over?
Oh, it seems to me
That sorry seems to be the hardest word

(* 읽기 목표 시간 – 30초)

2.4.B-1 번역 1단계 - 문장 구분하기

1	What have I got to do to make you love me
2	What have I got to do to make you care
3	What do I do
3-1	when lightning strikes me
4	And I wake to find
4-1	that you are not there
5	What do I do to make you want me
6	What have I got to do to be heard
7	What do I say
7-1	when it's all over
8	And sorry seems to be the hardest word
9	It is sad, so sad
10	It is a sad, sad situation
11	And it is getting more and more absurd
12	Why can't we talk it over?
13	Oh, it seems to me
14	That sorry seems to be the hardest word

2.5.B-2 번역 2단계 - 주어, 동사 찾기와 동사의 시제 파악

1	What have I got to do to make you love me	현재완료
2	What have I got to do to make you care	현재완료
3	What do I do	현재
3-1	when lightning strikes me	현재
4	And I wake to find	현재
4-1	that you are not there	현재
5	What do I do to make you want me	현재
6	What have I got to do to be heard	현재완료
7	What do I say	현재
7-1	when it's all over	현재
8	And sorry seems to be the hardest word	현재
9	It is sad, so sad	현재
10	It is a sad, sad situation	현재
11	And it is getting more and more absurd	현재진행
12	Why can't we talk it over?	현재
13	Oh, it seems to me	현재
14	That sorry seems to be the hardest word	현재

2.5.B-3 번역 3단계 - 문장의 형식 파악

1	What have I got to do to make you love me	P3
2	What have I got to do to make you care	P3
3	What do I do	P3
3-1	when lightning strikes me	P3
4	And I wake to find	P1
4-1	that you are not there	P1
5	What do I do to make you want me	P3
6	What have I got to do to be heard	P3
7	What do I say	P3
7-1	when it's all over	P2
8	And sorry seems to be the hardest word	P2
9	It is sad, so sad	P2
10	It is a sad, sad situation	P2
11	And it is getting more and more absurd	P2
12	Why can't we talk it over?	P5
13	Oh, it seems to me	P2
14	That sorry seems to be the hardest word	P2

2.5.B-4 번역 4단계 - 복문장의 경우 문장과 문장과의 관계 파악

3 Dw	What do I do	
3-1	when lightning strikes me	3번 문장에 대한 어떤 조건을 설명
4 Vo	I wake to find	
4-1	that you are not there	4번 문장 'to find'의 목적어 문장
7 Dw	What do I say	
7-1	when it is all over	7번 문장에 대한 어떤 조건을 설명

- Dw(Do-while) ; 먼저 결과의 문장을 언급하고 뒤에서 어떤 제한적 조건의 상황을 덧붙이고 있다.
- Vo(Verb object) ; 본동사가 아닌 동사의 목적어로 문장이 왔다. 여기서는 'to find'의 목적어로 'that' 이하 문장이 온 것이다.

(* 보다 자세한 복문장의 형태에 대한 설명은 필자의 저서 '복문장 영작의 모든 것' 참조 – 모든 복문장은 코드로 표현할 수 있다.)

2.5.B-5 Pattern의 순서로 분리

No	S	V	C or O	O or C	P
1	-What *have I*	*got*	to do	-to make -you -love -me	3
2	-What *have I*	*got*	to do	-to make -you -care	3
3	-What *do I*	*do*			3
3-1	-when *lightning*	*strikes*	me		3
4	-And *I*	*wake*	-to find		1
4-1	-that *you*	*are*	not	-there	1
5	*What* *do I*	*do*	-to make	-you -love -me	3
6	-What *have I*	*got*	to do	-to be heard	3
7	*What* *do I*	*say*	(what)		3
7-1	-when				

	it	*is*	*all over*		2
8	-And *sorry*	*seems*	*to be*	-the hardest word	2
9	*It*	*is*	*sad* *so sad*		2
10	*It*	*is*	*a sad situation*		2
11	-And *it*	*is getting*	-more and more *absurd*		2
12	-Why *can't we*	*Talk*	*it*	*over*	5
13	-Oh, *it*	*seems*	*(to be .....)*	-to me	2
14	-That *sorry*	*seems*	*to be*	-the hardest word	2

2.5.C. 주요 문장 분석

- What have I got to do to make you love me?
직역 - 당신이 나를 사랑하도록 만들기 위해 내가 가져왔던 일이 무엇이었죠?
의역 - 당신이 나를 사랑하도록 만들기 위해 지금까지 내가 해왔던 일이 무엇이었나요?

위의 문장은 평서문으로 설명하면 이해가 빠를 것이다.
I have got to do what to make you (to) love me.
'to do'의 목적어로 what이 온 것이다. 의문문으로 바뀌게 되면 'what'이 앞으로 가고 'have'와 'I'의 위치가 바뀌게 되는 것이다.
'I have got' 어떤 일을 가진 상태에 있다는 뜻인데 그 가진 무엇이 'to do'이므로 '~ 하려고'의 뜻이 된다. 즉 '무엇을 하려고'이므로 'to do what'이 되는 것이다.
'you love me'는 문장이 아니다. 'to make'가 사역동사이므로 'make'의 목적어로 'you'가 온 것이고 'to love'는 'make'의 목적보어가 되는데 'make'가 사역동사이므로 'to love'에서 'to'를 생략한 것이다.
결국 'to make'의 목적어로 문장이 올 수도 있다. ... 'to make that you love me'. 그렇지만 이렇게 문장으로 표현하려면 시제를 맞추는데 주의하여야 한다.

I have to do a thing.
-할 일이 하나 있어.
I have got to do a thing.
할 일이 하나 생긴 상태야.
현재완료는 어떤 상태가 지속되고 있는 경우에 주로 사용되며 우리나라 말에는 없는 시제이다. 그러므로 번역을 할 때는 문제가 없는데 한국어를 영어로 할 때는 현재형인 문장을 현재로 영작을 해야 하는지 현재완료로 해야 하는지 헷갈릴 때가 많다. 책을 많이 읽어서 현재완료가 사용되는 상황을 이해하여야 한다.

2.6 Lady

컨트리 가수의 대표라고 할 수 있는 Kenny Rogers가 1980년에 발표한 곡이다. 그는 가수, 영화배우, 사업가 등 다양한 방면에서 성공을 거두었다. 'Gambler – 도박사'가 대표적인 그의 히트곡이고 특히 이 노래 때문에 컨트리 가수로 확고한 명성을 얻게 되었다. 하얀 구레나루와 턱수염인 때문에 마초적인 이미지가 강하다. 원래 Lionel Richie가 작곡을 했는데 Kenny를 위해 작곡을 했지만 곡이 마음에 들어 처음에는 본인이 부르고 싶어했다고 한다. 한참을 망설이다가 프로듀서의 권유를 받고 Kenny에게 주었다고 한다. 이 곡이 전세계적으로 공전의 히트를 하게 되었다. Lionel의 마음이 어땠을까 충분히 짐작이 간다. 결국 나중에 그도 이 노래를 녹음하고 발표하였다 그의 목소리를 좋아하는 팬도 많다.

두 사람은 우정도 돈독하여 둘이 듀엣으로 녹음을 한 곡도 사랑을 많이 받고 있고 가끔 둘이 듀엣으로 공연을 할 때도 많았다.

Lionel Richie는 부룩 쉴스가 주연한 영화 'Endless Love'의 주제곡을 작곡하고 직접 불러 그의 대표작이라고 할 수 있다. Diana Ross와 그가 듀엣으로 불러 달콤하고 아름다운 사랑을 잘 표현해서 많은 사랑을 받았다.

Country 음악은 미국 백인들의 대표적인 음악이라고 할 수 있다. 반대로 Blues는 미국 흑인들의 대표적인 음악이며 두 음악이 합쳐져서 Rock & Roll이 되었다. Country 음악은 유럽에서 이주한 백인들이 서부를 개척하면서 발달시킨 음악으로 아일랜드의 민속 음악과 폴카의 영향을 많이 받았다.

빠르고 경쾌하며 밝고 아름다운 사랑을 많이 노래한다. 지금은 우리나라의 7080 노래처럼 흘러간 옛노래 취급을 받는 경향이 있지만 아직도 미국의 소도시에는 Country를 연주하는 클럽들이 많이 있다. 대표적인 Country음악의 도시는 테네시주에 있는 내쉬빌이다. 최근 내쉬빌이 Country 뿐만 아니라 미국 음악의 상징적인 도시가 되면서 빠른 속도로 성장하고 있다. 전 세계에서 아메리칸 팝이나 컨트리를 좋아하는 팬들이 내쉬빌로 관광을 와서 음익을 즐기고 있다.

2.6.A 한글 부분

Lady
(여인이여)

나는 빛나는 갑옷을 입은 당신의 기사입니다. 당신을 사랑합니다
지금의 나는 당신이 만들었으며 나는 당신의 것입니다
나의 사랑, 온갖 방법으로 당신을
사랑한다고 말하고 싶습니다.
영원히 당신을 나의 두 팔로 안을 수 있게 해주세요
당신은 떠나 버리면서 당신은 나를 바보로 만들었습니다.
당신의 사랑 안에서 난 길을 잃고 말았습니다.
오, 우리는 서로에 속해 있습니다.
나의 노래를 믿게 되지 않을까요?
여인이여, 몇 년 동안이나 생각했습니다.
당신을 결코 찾지 못하게 될지나 않을지.
당신은 내 삶 속으로 들어와 나의 전부가 되었습니다.
영원히 매일 아침마다 당신을 보기 위해 일어날 수 있게 해주세요
내 귀에 부드럽게 속삭여 주세요
내 눈엔 당신밖에 보이지 않습니다.
우리와 같은 그런 사랑은 없습니다
그래요, 난 항상 내 곁에 있는 당신을 원할 것입니다
난 오래 당신을 기다리고 있습니다.
여인이여, 내가 원하는 유일한 사랑은 바로 당신의 사랑입니다.
그리고 지금 내 곁이 내가 바라는 당신이 있어야 할 곳입니다.
거기에 특별한 내 사랑이 있기 때문입니다.
당신이 알기를 바랍니다.
당신은 내 인생 전부를 차지하는 사랑입니다. 당신은 나의 여인입니다

2.6.A-1 영작 1단계 – 문장 찾기와 여러 개로 구분하기

1	나는 빛나는 갑옷을 입은 당신의 기사입니다
1-1	당신을 사랑합니다
2	당신이 나를 만들었습니다.
2-1	지금의 나를
2-2	나는 당신의 것입니다
3	사랑하는 이여, 온갖 방법이 있습니다.
3-1	말하고 싶은
3-2	나는 당신을 사랑합니다
4	영원히 당신을 나의 두 팔로 안을 수 있게 해주세요
5	당신은 떠나 버리면서
5-1	당신은 나를 바보로 만들었습니다
6	당신의 사랑 안에서 난 길을 잃고 말았습니다
7	오, 우리는 서로에 속해 있습니다
8	나의 노래를 믿게 되지 않을까요?
9	여인이여, 몇 년 동안이나 생각했습니다
9-1	당신을 결코 찾지 못하게 되지 않을지
10	당신은 내 삶 속으로 들어와
10-1	나의 전부가 되었습니다
11	영원히 매일 아침마다 당신을 보기 위해서 일어날 수 있게 해주세요
12	내 귀에 부드럽게 속삭여 주세요
13	내 눈엔 당신 밖에 보이지 않습니다
14	우리와 같은 그런 사랑은 없습니다
15	네, 그래요, 난 항상 내 곁에 있는 당신을 원할 것입니다

16	난 당신을 오래 기다리고 있습니다
17	여인이여, 당신의 사랑은 유일한 사랑입니다
17-1	내가 원하는(필요로 하는)
18	그리고 내 옆이 입니다.
18-1	내가 원하는 당신이 있어야 할 곳이
18-2	나의 사랑인 특별한 것이 있으니까요
19	나는 당신이 알기를 원합니다
19-1	당신은 나의 인생의 그 사람입니다
20	당신은 나의 연인입니다

2.6.A-2 영작 2단계 – 주어, 동사 찾기와 동사의 시제 결정하기

1	나는 빛나는 갑옷을 입은 당신의 기사입니다	현재
1-1	당신을 사랑합니다	현재
2	당신이 나를 만들었습니다.	현재완료
2-1	지금의 나를	현재
2-2	나는 당신의 것입니다	현재
3	사랑하는 이여, 온갖 방법이 있습니다.	현재
3-1	말하고 싶은	현재
3-2	나는 당신을 사랑합니다	현재
4	영원히 당신을 나의 두 팔로 안을 수 있게 해주세요	현재
5	당신은 떠나 버리면서	현재완료
5-1	당신은 나를 바보로 만들었습니다	현재완료
6	당신의 사랑 안에서 난 길을 잃고 말았습니다	현재

7	오, 우리는 서로에 속해 있습니다	현재
8	나의 노래를 믿게 되지 않을까요?	미래
9	여인이여, 몇 년 동안이나 생각했습니다	과거
9-1	당신을 결코 찾지 못하게 되지 않을지	가정법과거
10	당신은 내 삶 속으로 들어와	현재완료
10-1	나의 전부가 되었습니다	현재완료
11	영원히 매일 아침마다 당신을 보기 위해서 일어날 수 있게 해주세요	현재
12	내 귀에 부드럽게 속삭여 주세요	현재
13	내 눈엔 당신 밖에 보이지 않습니다	현재
14	우리와 같은 그런 사랑은 없습니다	현재
15	네, 그래요, 난 항상 내 곁에 있는 당신을 원할 것입니다	미래
16	난 당신을 오래 기다리고 있습니다	현재완료
17	여인이여, 당신의 사랑은 유일한 사랑입니다	현재
17-1	내가 원하는(필요로 하는)	현재
18	그리고 내 옆이 입니다.	현재
18-1	내가 원하는 당신이 있어야 할 곳이	현재
18-2	나의 사랑인 특별한 것이 있으니까요	현재
19	나는 당신이 알기를 원합니다	현재
19-1	당신은 나의 인생의 그 사랑입니다	현재
20	당신은 나의 연인입니다	현재

2.6.A-3 영작 3단계 – 문장의 형식 결정

1	나는 빛나는 갑옷을 입은 당신의 기사입니다	P2
1-1	당신을 사랑합니다	P3
2	당신이 나를 만들었습니다.	P5
2-1	지금의 나를	P2
2-2	나는 당신의 것입니다	P2
3	사랑하는 이여, 온갖 방법이 있습니다.	P2
3-1	말하고 싶은	P3
3-2	나는 당신을 사랑합니다	P3
4	영원히 당신을 나의 두 팔로 안을 수 있게 해주세요	P5
5	당신은 떠나 버리면서	P1
5-1	당신은 나를 바보로 만들었습니다	P5
6	당신의 사랑 안에서 난 길을 잃고 말았습니다	P1
7	오, 우리는 서로에 속해 있습니다	P3
8	나의 노래를 믿게 되지 않을까요?	P3
9	여인이여, 몇 년 동안이나 생각했습니다	P3
9-1	당신을 결코 찾지 못하게 되지 않을지	P3
10	당신은 내 삶 속으로 들어와	P1
10-1	나의 전부가 되었습니다	P5
11	영원히 매일 아침마다 당신을 보기 위해서 일어날 수 있게 해주세요	P5
12	내 귀에 부드럽게 속삭여 주세요	P5
13	내 눈엔 당신 밖에 보이지 않습니다	P3
14	우리와 같은 그런 사랑은 없습니다	P2
15	네, 그래요, 난 항상 내 곁에 있는 당신을 원할 것입니다	P3

16	난 당신을 오래 기다리고 있습니다	P3
17	여인이여, 당신의 사랑은 유일한 사랑입니다	P2
17-1	내가 원하는(필요로 하는)	P3
18	그리고 내 옆이 입니다.	P1
18-1	내가 원하는 당신이 있어야 할 곳이	P1
18-2	나의 사랑인 특별한 것이 있으니까요	P2
19	나는 당신이 알기를 원합니다	P5
19-1	당신은 내 인생의 그 사랑입니다	P2
20	당신은 나의 연인입니다	P2

2.6.A-4 영작 4단계 - 영어의 Pattern 순서로 위치 변경하기

no	S	V	C or O	O or C	P
1	나는	입니다	당신의 기사	-갑옷을 입은	2
1-1	나는	사랑합니다	당신을		3
2	당신이	만들었습니다	나를	2-1	5
2-1	내가	인지	(무슨 사람인지)		2
3	-사랑하는 이여 가인칭	있습니다	온갖 방법들이		2
3-1	내가	싶은	말하고		3
4	(당신은)	해주세요	내가	안을 수 있게 -당신을 -내 품 안에서 -영원히	5
5	당신은	떠나버렸습니다			1
5-1	-그리고 (당신은)	만들었습니다	나를	그런 바보로	5
6	나는	길을 잃었습니다	-당신의 사랑 안에서		1
7	-오 우리는	속해 있습니다	서로에게		3
8	당신은	믿지 않을까요?	나의 노래를		3
9	-여인이여 -몇 년 동안이나 나는	생각했습니다	9-1		3
9-1	나는	절대 찾지 못했을	당신을		3

10	당신은	들어와 버렸어요	-내 인생 속으로		1
10-1	-그리고 (당신은)	만들었어요	내가	전부이게	5
11	-영원히 (당신은)	해주세요	내가	일어나게 -보기 위해 -당신을 -각각의 -모든 아침마다	5
12	(당신은)	해주세요	내가	듣게 -당신이 -속삭임을 -부드럽게 -나의 귀에	5
13	-내 눈엔 나는	봅니다	아무도 없음을	-그 밖에 -빼고는 -당신	3
14	가인칭	입니다	다른 사랑이 없게	-같은 -우리의 사랑	2
15	-네, 그래요 나는	항상 원할 거에요	당신을	-가까이 -나에게서	3
16	나는	기다리고 있습니다	당신을	-너무 오래	3
17	-여인이여 당신의 사랑은	입니다	유일한 사랑(17-1)		2

17-1	내가	원하는(필요한)			3
18	-그리고 내 옆은	입니다	-곳입니다 (18-1)		1
18-1	내가	원하는	당신이	있어야 할	5
18-2	-니까요 -나의 사랑 가인칭	있습니다	뭔가가(특별한 것)		2
19	나는	원합니다	당신이	알기를 (19-1)	5
19-1	당신이	입니다	내 인생의 사랑		2
20	당신은	입니다	나의 여인		2

2.6.B 영어 부문

Lady

Lady, I'm your knight in shining armor and I love you.
You have made me what I am and I am yours.
My love, there's so many ways
I want to say I love you.
Let me hold you in my arms forever, more.
You have gone and made me such a fool.
I'm so lost in your love.
And oh, we belong together.
Won't you believe in my song?
Lady, for so many years I thought I'd never find you.
You have come into my life and made me whole.
Forever let me wake to see you each and every morning.
Let me hear you whisper softly in my ear.
In my eyes I see no one else but you.
There's no other love like our love.
And yes oh yes I'll always want you near me.
I've waited for you so long.
Lady your love's the only love I need.
And beside me is where I want you to be
cause my love there's something.
I want you to know you're the love of my life.
You're my Lady

(* 읽기 목표 시간 – 65초)

2.6.B-1 번역 1단계 - 문장 구분하기

1	Lady, I'm your knight in shining armor
1-1	and I love you
2	You have made me
2-1	what I am
2-2	I am yours
3	My love, there is so many ways
3-1	I want to say
3-2	I love you
4	Let me hold you in my arms forever, more
5	You have gone
5-1	and made me such a fool
6	I'm so lost in your eyes
7	And oh, we belong together
8	Won't you believe in my song?
9	Lady, for so many years I thought
9-1	I'd never find you
10	You have come into my life
10-1	and made me whole
11	Forever let me wake to see you each and every morning
12	Let me hear you whisper softly in my ear
13	In my eyes I see no one else but you
14	There's no other love like our love
15	And yes, oh yes, I'll always want you near me
16	I've waited for you so long
17	Lady your love is the only love
17-1	I need
18	And beside me is
18-1	where I want you to be

18-2	cause my love there is something
19	I want you to know
19-1	you are the love of my life
20	You are my lady

2.6.B-2 번역 2단계 - 주어, 동사 찾기와 동사의 시제 파악

1	Lady, I'm your knight in shining armor	현재
1-1	and I love you	현재
2	You have made me	현재완료
2-1	what I am	현재
2-2	I am yours	현재
3	My love, there is so many ways	현재
3-1	I want to say	현재
3-2	I love you	현재
4	Let me hold you in my arms forever, more	현재
5	You have gone	현재완료
5-1	and made me such a fool	현재완료
6	I'm so lost in your eyes	현재
7	And oh, we belong together	현재
8	Won't you believe in my song?	미래
9	Lady, for so many years I thought	과거
9-1	I'd never find you	가정법과거
10	You have come into my life	현재완료
10-1	and made me whole	현재완료

11	Forever let me wake to see you each and every morning	현재
12	Let me hear you whisper softly in my ear	현재
13	In my eyes I see no one else but you	현재
14	There's no other love like our love	현재
15	And yes, oh yes, I'll always want you near me	미래
16	I've waited for you so long	현재완료
17	Lady your love is the only love	현재
17-1	I need	현재
18	And beside me is	현재
18-1	where I want you to be	현재
18-2	cause my love there is something	현재
19	I want you to know	현재
19-1	you are the love of my life	현재
20	You are my lady	현재

2.6.B-3 번역 3단계 - 문장의 형식 파악

1	Lady, I'm your knight in shining armor	P2
1-1	and I love you	P3
2	You have made me	P5
2-1	what I am	P2
2-2	I am yours	P2
3	My love, there is so many ways	P2
3-1	I want to say	P3
3-2	I love you	P3

4	Let me hold you in my arms forever, more	P5
5	You have gone	P1
5-1	and made me such a fool	P5
6	I'm so lost in your eyes	P1
7	And oh, we belong together	P3
8	Won't you believe in my song?	P3
9	Lady, for so many years I thought	P3
9-1	I'd never find you	P3
10	You have come into my life	P1
10-1	and made me whole	P5
11	Forever let me wake to see you each and every morning	P5
12	Let me hear you whisper softly in my ear	P5
13	In my eyes I see no one else but you	P3
14	There's no other love like our love	P2
15	And yes, oh yes, I'll always want you near me	P3
16	I've waited for you so long	P3
17	Lady your love is the only love	P2
17-1	I need	P3
18	And beside me is	P1
18-1	where I want you to be	P5
18-2	cause my love there is something	P2
19	I want you to know	P5
19-1	you are the love of my life	P2
20	You are my lady	P2

2.6.B-4 번역 4단계 - 복문장의 경우 문장과 문장과의 관계 파악

1 Pr	Lady, I'm your knight in shining armor	
1-1	and I love you	1번 문장에 연이은 나열형 문장
2 Pr(At)	You have made me	전체적으로는 2와 2-2가 대등한 2개의 문장이고 2-1이 앞의 문장 끝 단어를 설명하기 위해 덧붙였다. 그래서 앞의 문장에 덧붙인 문장이 있다는 의미로 (At)라고 표현하였다. 만일 뒤의 문장에 덧붙인 문장이 있다면 Pr-At라고 표현한다.
2-1	what I am	'what' 이하의 문장이 2-1 'me'를 설명 그러므로 'what'이 관계대명사이면서 동시에 의문대명사이기도 하다.
2-2	and I am yours	2번 문장과 대등한 연이은 문장
3 At-Vo	My love, there is so many ways	전체적으로는 덧붙인 문장 3-1이 있고 이 문장 안에 'say'가 요구하는 또 다른 문장이 뒤따라 나왔다
3-1	I want to say	위 문장 many ways를 설명하는 문장
3-2	I love you	3-1문장 'to say'의 목적어 문장
5 Pr	You have gone	
5-1	and made me such a fool	5번 문장과 대등하게 나열되는 문장
9 Fp33	Lady, for so many years I thought	
9-1	I'd never find you	위 문장 'thought'의 목적절
10 Pr	You have come into my life	
10-1	and made me whole	10번 문장과 대등하게 나열된 문상

17 At	Lady your love is the only love	
17-1	I need	위 문장 the only love를 설명하기 위해 덧붙여진 문장
18 Fp23	And beside me is	
18-1	Where I want you to be	위 문장의 보어 자리에 문장이 왔음 즉 보어절
19 Vo	I want you to know	
19-1	You are the love of my life	위 문장 'to know'의 목적어로 온 문장

- Pr(Process형) ; 발생한 시간의 순서대로 나열한 문장
- Pr-At(Process - Attached) ; 코드가 두 개 있으므로 3개의 문장으로 이루어졌다. 전체적으로는 Process형 문장으로 이루어져 있고 뒤의 문장에 설명을 위해 덧붙여진 문장(관계대명사)이 있다는 의미로 '-'이 있으면 덧붙인 문장이 뒤에 있다는 뜻이고 만일 Pr(At)라고 되어 있다면 덧붙인 문장이 앞의 문장에 있다는 의미이다.
- At-Vo(Attached – Verb Object) ; 전체적으로는 Attached형(관계대명사) 문장이고 뒤의 문장에 있는 본동사가 아닌 동사의 목적어 자리에 문장이 왔다.
- Fp33(Five Pattern 3형식 3번째 자리) ; 3형식 목적어 자리에 문장이 왔음
- At (Attatched형) ; 어떤 단어를 뒤에서 설명하는 문장(관계대명사)
- Fp23(Five Pattern 2형식 3번째 자리) ; 2형식 보어 자리에 문장이 왔음
- Vo(Verb object) ; 본동사가 아닌 중간에 나오는 동사의 목적어로 온 문장 'to 부정사', '현재분사', '동명사' 등의 목적어로 단어 대신 문장이 온 경우이다

(* 보다 자세한 복문장의 형태에 대한 설명은 필자의 저서 '복문장 영작의 모든 것' 참조 – 모든 복문장은 코드로 표현할 수 있다.)

2.6.B-5 Pattern의 순서로 분리

No	S	V	C or O	O or C	P
1	-Lady, *I*	*am*	*your knight* -in shining -armor		2
1-1	-And *I*	*love*	*you*		3
2	*You*	*have made*	*me*	*2-1*	5
2-1	*what* *I*	*am*	*(what)*		2
2-2	*I*	*am*	*yours*		2
3	-My love, *there*	*is*	*so many* *ways* (3-1)		2
3-1	*I*	*want*	*to say* (3-2)		3
3-2	*I*	*love*	*you*		3
4	*(You)*	*Let*	*me*	*hold* -you -in my arms -forever -more	5
5	*You*	*have gone*			1
5-1	-and *(you)*	*(have) made*	*me*	*such* *a fool*	5

6	I	am so lost	-in your love		1
7	-And oh, we	belong	together		3
8	Won't you	believe in	my song		3
9	Lady, -for so many years I	thought	9-1		3
9-1	I	would never find	you		3
10	You	have come into	-my life		1
10-1	-and (you)	made	me	whole	5
11	-Forever (you)	let	me	wake -to see -you -each and every morning	5
12	(You)	Let	me	hear	5

				-you -whisper -softly -in my ear	
13	-In my eyes **I**	**see**	**no one**	-else -but you	3
14	**There**	**is**	**no other love**	-like our love	2
15	-And, yes, **I** -always **want**	**will**	**you**	-near -me	3
16	**I**	**have waited for**	**you**	-so long	3
17	Lady, **your love**	**is**	**the only love** (17-1)		2
17-1	**I**	**need**	(the only love)		3
18	-And **beside me**	**is**	**18-1**		2
18-1	-where **I**	**want**	**you**	**to be**	5
18-1	-cause -my love,				

	there	is	something		2
19	I	want	you	to know (19-1)	5
19-1	you	are	the love of my life		2
20	You	are	my lady		2

2.6.C. 주요 문장 분석

- You have made me what I am and I am yours.

    직역 – 당신은 지금 내가 무엇인지를 만든 상태이고 나는 당신의 것입니다.

    의역 – 당신이 오늘날의 나를 만들었고 나는 당신의 것입니다.

    5형식에서 목적어인 'me'를 설명하기 위해 문장이 왔다. 여기서는 'what' 관계대명사이면서 'I am' 문장의 보어에 해당하는 의문사이기도 하다.
    'what I am'은 현재 내가 무엇인지를 의미하므로 '오늘날의 나'가 된다.
    만든 상태이므로 현재완료 시제를 사용하였다.

- I thought I'd never find you.

    의역 – 나는 당신을 절대 찾을 수 없을 거라고 생각했습니다.

    이 문장은 3형식 문장으로 목적어 자리에 문장이 왔다. 즉 목적절이다. 원래는 관계대명사 'that'이 있어야 하나 생략된 것이다. 'thought' 다음에 'I'가 오는 것으로 보아 분명 문장이 시작하는 것을 짐작할 수 있으므로 관계대명사를 생략했다. 이처럼 명백하게 문장으로 구분될 수 있음을 안다면 생략해도 된다.

    I'd never find you.

    여기서 'I'd'는 분명 'I would'를 줄인 것으로 생각할 수 있다. 만일 'had'를 줄였다면 원형인 'find'가 올 수 없고 과거분사인 'found'가 와야 한다. 'should'는 줄여서 말하지 않는다.

    직역하면 '나는 절대로 당신을 찾지 못했을 거에요.'이다. 즉 가정해서 말하는 것이다. 결국엔 찾았다는 뜻이 된다. 그래서 '가정법 과거'가 되는 것이다.

- Let me hear you whisper softly in my ear.

  직역 - 당신은 내게 시켜주세요 당신이 내 귀에 부드럽게 속삭이는 것을 듣도록.

  의역 - 내 귀에 부드럽게 속삭이는 것을 듣게 해 주세요.

  원래 문장은 You let me to hear you to whisper softly in my ear.
  라고 해야 하는데 일종의 명령문이므로 주어 'you'를 생략했다. 이처럼 주어가 'you'이면서 'let' 동사가 오면 간접명령어라고 해서 주어를 생략한다.
  'to hear'는 앞의 'let' 동사가 사역동사이므로 'to'를 생략한 것이며
  'to whisper'도 앞의 'hear' 동사가 지각동사이므로 'to'를 생략한 것이다.
  이처럼 앞의 동사가 사역동사나 지각동사가 오면 'to' 없는 부정사가 온다.

  속삭이는 것은 양쪽 귀에 동시에 할 수 없으므로 단수 'ear'를 사용하였다.

2.7 Today

John Denver가 1975년 발표한 곡이지만 원래는 Randy Sparks가 1964년
작곡한 곡으로 다른 가수가 부른 곡이었다.
John은 1943년 텍사스에서 태어났고 본명은 독일계 아버지의 성을 따라서
지었지만 본인이 콜로라도 덴버를 너무 좋아하여 개명하였다.
텍사스 공과대학에서 건축을 전공하였으나 음악과 노래에 빠져 공부를 하지 않아
낙제를 하였다. 그러다 포크 그룹에 싱어로 참여하여 가수활동을 하기 시작하였지만
가수보다는 작곡을 하여 여러 유명 가수들에게 곡을 주면서 이름이 알려졌다.
솔로로 데뷔하면서 발표한 곡 'Take me home country road'가 공전의 히트를 하며
세계적으로 이름을 알리기 시작하였고 명실공히 가수의 길을 걷게 되었다.
대부분의 미국의 팝은 부르기보다 듣는 위주의 감상곡인 반면
그의 곡들은 부르기에 적당한 곡들이 많다. 컨트리지만 포크에 가까운 곡이다.
1974년 우리나라에서도 상영되어 크게 인기를 끌었던 영화 'Sunshine'의 음악을 맡아
많은 히트곡을 작곡하였다. 여기에 수록된 모든 노래들이 거의 한국인의 애창곡이다.
이 노래는 3박자의 왈츠곡으로 봄에 부르기에 적당한 곡이다. 추운 겨울이 지나고
따스한 봄이 오는 자연을 찬미한 가사이며 노래이다.
가사에 나오는 '당신이 만든 딸기와 와인 ...'에서 당신은
조물주 즉 하나님을 의미한다. 그는 자연을 사랑하였고 늘 자연을 노래했다.
세계적인 기록 보유자인 아버지의 항공 운항 기술에 영향을 받아
일찍부터 산과 자연을 비행기에서 내려다 보게 되었고 그래서 자연을 좋아했을 것이다.
세계적인 성악가 '플라시도 도밍고'와 같이 부른 'Perhaps love'가 히트를 치면서
클래식 음악과 대중음악의 콜라보레이션을 훌륭하게 보여주었다.
우니라라에서도 이 곡의 영향을 받아 가수 이동원과 성악가 박인수가 시인 정지용의
'향수'에 작곡가 김희갑이 곡을 붙여 만든 노래를 불렀다.

2.7.A 한글 부분

Today
(오늘)

오늘
꽃이 아직 넝쿨에 달려있는 동안에는
당신이 키운 딸기의 맛을 음미하고
당신이 만든 달콤한 와인을 마실 거에요.
아무리 많은 세월이 지난다 해도
내가 가진 모든 기쁨을 잊지 않을 거에요.
오늘은 …
난 멋진 사람이 될 거에요.
그리고 방랑자가 될 거에요.
당신은 내가 누구라는 걸 알 거에요.
내가 부르는 노래로.
당신의 식탁에 만찬을 준비할 거에요.
그리고 잠들 거에요. 당신의 안락함 속에서.
누가 신경 쓰겠어요. 내일이 무엇을 가져올지?
오늘은 …
어제의 영광에 만족할 순 없어요.
겨울부터 봄까지 약속하고만 살 순 없잖아요.
오늘이 나의 순간이고
지금이 나의 이야기에요.
나는 웃고 울고
노래할 거에요.
오늘은 …

2.7.A-1 영작 1단계 – 문장 찾기와 여러 개로 구분하기

1	오늘 꽃이 아직 넝쿨에 달려있는 동안에는
1-1	나는 당신이 키운 딸기의 맛을 음미하고
1-2	당신이 만든 달콤한 와인을 마실 거에요
2	아무리 많은 세월이 지난다 해도
2-1	모든 기쁨을 잊지 않을 거에요
2-2	내가 가진, 오늘은
3	난 멋진 사람이 될 거에요
4	그리고 방랑자가 될 거에요
5	당신은 알 거에요
5-1	내가 누구라는 걸 노래에 의해서
5-2	내가 부르는
6	당신의 식탁에 만찬을 준비할 거에요
7	그리고 잠들 거에요 당신의 안락함 속에서
8	누가 신경 쓰겠어요
8-1	내일이 무엇을 가져올지?
9	어제의 영광에 만족할 순 없어요
10	겨울부터 봄까지 약속하고만 살 순 없잖아요
11	오늘이 나의 순간이고
12	지금이 나의 이야기입니다
13	나는 웃을 거에요
14	나는 울 거에요
15	나는 노래할 거에요, 오늘은

2.7.A-2 영작 2단계 – 주어, 동사 찾기와 동사의 시제 결정하기

1	오늘 꽃이 아직 넝쿨에 달려있는 동안에는	현재
1-1	나는 당신이 키운 딸기의 맛을 음미하고	미래
1-2	당신이 만든 달콤한 와인을 마실 거에요	미래
2	아무리 많은 세월이 지난다 해도	미래
2-1	모든 기쁨을 잊지 않을 거에요	현재
2-2	내가 가진, 오늘은	현재
3	난 멋진 사람이 될 거에요	미래
4	그리고 방랑자가 될 거에요	미래
5	당신은 알 거에요	미래
5-1	내가 누구라는 걸 노래에 의해서	현재
5-2	내가 부르는	현재
6	당신의 식탁에 만찬을 준비할 거에요	미래
7	그리고 잠들 거에요 당신의 안락함 속에서	미래
8	누가 신경 쓰겠어요?	현재
8-1	내일이 무엇을 가져올지?	미래
9	어제의 영광에 만족할 순 없어요	현재
10	겨울부터 봄까지 약속하고만 살 순 없잖아요	현재
11	오늘이 나의 순간이고	현재
12	지금이 나의 이야기입니다	현재
13	나는 웃을 거에요	미래
14	나는 울 거에요	미래
15	나는 노래할 거에요, 오늘은	미래

2.7.A-3 영작 3단계 - 문장의 형식 결정

1	오늘 꽃이 아직 넝쿨에 달려있는 동안에는	P3
1-1	나는 당신이 키운 딸기의 맛을 음미하고	P3
1-2	당신이 만든 달콤한 와인을 마실 거에요	P3
2	아무리 많은 세월이 지난다 해도	P1
2-1	모든 기쁨을 잊지 않을 거에요	P3
2-2	내가 가진, 오늘은	P2
3	난 멋진 사람이 될 거에요	P2
4	그리고 방랑자가 될 거에요	P2
5	당신은 알 거에요	P3
5-1	내가 누구라는 걸 노래에 의해서	P2
5-2	내가 부르는	P3
6	당신의 식탁에 만찬을 준비할 거에요	P1
7	그리고 잠들 거에요 당신의 안락함 속에서	P1
8	누가 신경 쓰겠어요?	P3
8-1	내일이 무엇을 가져올지?	P3
9	어제의 영광에 만족할 순 없어요	P3
10	겨울부터 봄까지 약속하고만 살 순 없잖아요	P1
11	오늘이 나의 순간이고	P2
12	지금이 나의 이야기입니다	P2
13	나는 웃을 거에요	P1
14	나는 울 거에요	P1
15	나는 노래할 거에요, 오늘은	P1

2.7.A-4 영작 4단계 - 영어의 Pattern 순서로 위치 변경하기

no	S	V	C or O	O or C	P
1	-오늘 -동안에는 꽃이	-아직도 매달려있다	넝쿨에		3
1-1	나는	음미할 거에요	당신이 키운 딸기를 (당신의 딸기를)		3
1-2	나는	마실 거에요	당신이 만든 달콤한 와인을 (당신의 와인을)		3
2	아무리 많은 세월이 (백만 개의 내일)	지나가도	-모두	*정확한 의미는 뒤에서 설명할 예정	1
2-1	-전에 나는	잊습니다	모든 기쁨(2-2)을		3
2-2	그건	입니다	내 것인	*내가 가진	2
3	난	될 거에요	멋진 사람이		2
4	난	될 거에요	방랑자가		2
5	당신은	알 거에요	5-2		3
5-1	누구 내가	인지	-노래에 의해서		2
5-2	내가	부르는			3
6	나는	만찬을 준비할 거에요	-식탁에		1

7	-그리고 나는	잠들 거에요	-당신의 안락함 속에서		1
8	누가	신경 쓰나요?	8-1		3
8-1	내일이	가져올 지	무엇을		3
9	-오늘은 나는	만족할 수 없어요	어제의 영광을		3
10	나는	살 수 없어요	-약속하고	-겨울부터 -봄까지	1
11	오늘이	입니다	나의 순간		2
12	지금은	입니다	나의 이야기		2
13	나는	웃을 거에요			1
14	나는	울 거에요			1
15	나는	노래할 거에요	-오늘은		1

2.7.B 영어 부문

Today

Today while the blossoms still cling to the vine
I'll taste your strawberries,
I'll drink your sweet wine
A million tomorrows shall all pass away
ere I forget all the joy that is mine, today.
I'll be a dandy
and I'll be a rover.
You'll know who I am by the songs that I sing
I'll feast at your table,
I'll sleep in your clover
Who cares what tomorrow shall bring.
Today...
I can't be contented with yesterday's glory
I can't live on promises winter to spring
Today is my moment
And now is my story
I'll laugh
And I'll cry
And I'll sing
Today...

(* 읽기 목표 시간 - 40초)

2.7.B-1 번역 1단계 - 문장 구분하기

1	Today, while the blossoms still cling to the vine
1-1	I'll taste your strawberries
1-2	I'll drink your sweet wine
2	A million tomorrows shall all pass away
2-1	ere I forget all the joy
2-2	that is mine, today
3	I'll be a dandy
4	I'll be a rover
5	You'll know
5-1	who I am by the songs
5-2	that I sing
6	I'll feast at your table
7	I'll sleep in your clover
8	Who cares
8-1	what tomorrow shall bring
9	I can't be contented with yesterday's glory
10	I can't live on promises winter to spring
11	Today is my moment
12	And now is my story
13	I'll laugh
14	And I'll cry
15	And I'll sing

2.7.B-2 번역 2단계 - 주어, 동사 찾기와 동사의 시제 파악

1	Today, while the blossoms still cling to the vine	현재
1-1	I'll taste your strawberries	의지미래
1-2	I'll drink your sweet wine	의지미래
2	A million tomorrows shall all pass away	단순미래
2-1	ere I forget all the joy	현재
2-2	that is mine, today	현재
3	I'll be a dandy	의지미래
4	I'll be a rover	의지미래
5	You'll know	의지미래
5-1	who I am by the songs	현재
5-2	that I sing	현재
6	I'll feast at your table	의지미래
7	I'll sleep in your clover	의지미래
8	Who cares	현재
8-1	what tomorrow shall bring	단순미래
9	I can't be contented with yesterday's glory	현재
10	I can't live on promises winter to spring	현재
11	Today is my moment	현재
12	And now is my story	현재
13	I'll laugh	의지미래
14	And I'll cry	의지미래
15	And I'll sing	의지미래

- 단순 미래는 말하는 사람의 의지대로 되지 않는 강제적으로 진행되는 미래를 의미한다. 위에 '미래'라고만 표시된 것은 의지미래를 의미하며 말하는 사람의 의지를 나타내는 미래를 의미한다.

2.7.B-3 번역 3단계 - 문장의 형식 파악

1	Today, while the blossoms still cling to the vine	P3
1-1	I'll taste your strawberries	P3
1-2	I'll drink your sweet wine	P3
2	A million tomorrows shall all pass away	P1
2-1	ere I forget all the joy	P3
2-2	that is mine, today	P2
3	I'll be a dandy	P2
4	I'll be a rover	P2
5	You'll know	P3
5-1	who I am by the songs	P2
5-2	that I sing	P3
6	I'll feast at your table	P1
7	I'll sleep in your clover	P1
8	Who cares	P3
8-1	what tomorrow shall bring	P3
9	I can't be contented with yesterday's glory	P3
10	I can't live on promises winter to spring	P1
11	Today is my moment	P2
12	And now is my story	P2
13	I'll laugh	P1
14	And I'll cry	P1
15	And I'll sing	P1

2.7.B-4 번역 4단계 - 복문장의 경우 문장과 문장과의 관계 파악

1 It-Pr	Today, while the blossoms still cling to the vine	While 조건의 문장에 따른 결과의 문장이 2개 왔다. 조건문 + 2개의 나열형 문장
1-1	I'll taste your strawberries	1번 문장 조건에 따른 1번째 결과
1-2	I'll drink your sweet wine	1번 문장 조건에 따른 2번째 결과
2 Dw-At	A million tomorrows shall all pass away	2-1 문장의 상황에 맞는 결과의 문장이 먼저 왔으며 2-1 문장 끝에 있는 단어에 대한 추가 설명의 문장이 왔다.
2-1	ere I forget all the joy	2번 문장이 시행되는 조건의 문장을 뒤에서 나열한 것으로 It 문장과 정반대의 형태
2-2	that is mine	2-1 문장 the joy를 설명하는 문장(관계대명사)
5 Fp33-At	You'll know	3형식 문장의 목적어 자리에 문장이 왔고 그 문장에 추가 설명이 문장으로 붙어있다.
3-1	who I am by the songs	5번 문장의 목적어 문장(목적절)
3-2	that I sing	5-1 문장 the songs를 설명하는 문장
8 Fp33	Who cares	
8-1	what tomorrow shall bring?	8번 문장 목적어 자리에 문장이 왔다

- It-Pr(If-then - Process형) ; 전체적으로 조건의 문장이 앞에 나오고 그 결과의 문장이 뒤에 오는데 뒤의 문장이 나열형 2개의 문장이 왔다는 의미이다.

- Dw-At(Do-while - Attached) ; If-then 문장과 반대로 결과의 문장이 먼저 오고 조건의 문장이 뒤에 왔는데 뒤의 문장에 어떤 단어를 설명하기 위한 추가의 문장이 왔다.

- Fp33-At(Fattern3rd of #3 - Attached) ; 3형식 문장의 목적어 자리에 문장이 왔으며 그 목적절 문장에 어떤 단어를 설명하기 위한 문장이 덧붙여져(관계대명사) 있다.

- Fp33(Five Pattern 3형식 3번째 자리) ; 3형식 목적어 자리에 문장이 왔다.

2.7.B-5 Pattern의 순서로 분리

No	S	V	C or O	O or C	P
1	-Today -while **the blossoms**	-still **cling to**	**the vine**		3
1-1	*I*	**will taste**	your strawberries		3
1-2	*I*	**will drink**	your sweet wine		3
2	**A million tomorrows**	**shall** -all **pass away**			1
2-1	-ere *I*	**forget**	all the joy (2-2)		3
2-2	**that**	**is**	mine		2
3	*I*	**will be**	a dandy		2
4	-And *I*	**will be**	a rover		2
5	**You**	**will know**	5-1		3
5-1	**who** *I*	**am**		-by the songs(5-2)	2
5-2	-that *I*	**sing**			3

6	*I*	*will feast*	-at your table		1
7	*I*	*will sleep*	-in your clover		1
8	**Who**	cares	**8-1**		3
8-1	*what tomorrows*	*shall bring*			3
9	*I*	*can't be contented with*	*yesterday's glory*		3
10	*I*	*can't live*	-on promises	-winter -to -spring	1
11	**Today**	is	*my moment*		2
12	-and *now*	is	*my story*		2
13	*I*	*will laugh*			1
14	*I*	*will cry*			1
15	*I*	*will sing*			1

2.7.C. 주요 문장 분석

- A million tomorrows shall all pass away ere I forget all the joy that is mine, today.

  직역 - 내가 가진 모든 기쁨을 잊기 전에 백만 개의 내일이 지나야만 할 거에요.

  의역 - 오늘 내가 갖는 모든 기쁨은 수 많은 세월이 흘러도 잊지 못할 거에요

  우리말과는 약간 다른 형태의 방식이다. 우리는 보통 이럴 때 '어떤 조건이 와도 그 결과는 쉽게 오지 않을 거'라고 말하지만 영어는 위의 예처럼 '잊으려면 어떤 조건이 있어야 한다'고 말하는 형태의 문장이 굉장히 많다.

  영어의 미래는 2가지 종류가 있다. 의지미래와 단순미래. 단어만 보면 복잡할 것 같지만 의지미래는 화자(말하는 사람)의 의지대로 이루어지기를 바라는 미래이고 단순미래는 화자의 의지대로 되지 않고 강제로 다가오는 미래를 의미한다. 자연 현상은 다 단순미래를 주로 사용한다. 그러나 최근 현대 영어에서는 거의 구분하지 않고 사용하는 경향이 있으므로 너무 걱정하지 않아도 된다. 그러나 'Shall we dance?'와 같이 상대에게 물을 땐 지금처럼 'shall' 단순미래를 사용한다. 말하는 화자의 의지대로 춤을 출 수 있는 건 아니고 듣는 사람이 결정하므로 화자인 내 맘대로 아닌 미래라고 생각하면 기억하기 좋다.

- Who cares what tomorrow shall bring?

  직역 - 내일이 무엇을 가져올 지 누가 신경을 쓸까요?

  의역 - 내일 무슨 일이 생길지 누가 신경이나 쓰겠어요?

  'care'의 목적어에 단어 대신 문장이 왔으므로 목적절이라 할 수 있다. 여기서는 'what'이 관계대명사가 아니고 목적어 자리에 의문문이 왔다고 보아야 한다. 관계대명사가 되려면 'what' 앞에 어떤 단어가 있어야 한다. 즉 선행사.

  위에서 설명한 바와 같이 자연현상이므로 단순미래를 사용하였다.

2.8 What a wonderful world

Louis Amstrong이 1967년에 발표한 곡이다. 그는 재즈의 발생지라고 할 수 있는 뉴올린스에서 1900년에 태어났다. 그곳은 아프리카에서 흑인들을 강제로 데려와 노예로 팔려나가는 항구도시로 백인들의 음악을 들으며 아프리카 흑인들이 자신들만의 블루스를 창조하고 재즈를 만든 곳이다.
Louis는 그곳에서 자라다 십대에 범죄에 연루되어 교도소에 가게 된다. 그 안에서 조직된 밴드에서 처음 트럼펫을 불게 되었고 입술이 두툼하고 음악성이 있었던 덕분에 발군의 기량을 발휘하게 되고 트럼펫 연주자로 거듭나게 된다. 그는 흑인들이 만든 블루스가 스윙 리듬으로 발전되면서 재즈로 진화하게 된 결정적 인물에 들어간다 Miles Davis, Charie Parker와 함께 스윙 시대를 열었다. 그는 가수로도 활동하였고 노래를 부르면서 Scat 송이라는 창법을 최초로 개발하기도 하였다. 스캣은 가사 없이 흥얼거리는 창법으로 녹음을 하다 악보를 떨어뜨려 즉석에서 가사 없이 흥얼거리다 탄생한 음악으로 알려져 있다. 단순히 멜로디를 가사 없이 흥얼거리는 것이 아니라 독창적으로 변주를 하여 부르는 창법이다.
'삐빠빠 룰라....' 뭐 이렇다고 볼 수 있다.
그는 가래가 목에서 끓는 묘한 음색으로 크게 인기를 얻었는데 덕분에 개성이 강한 목소리들이 용기를 얻게 되고 창법과 목소리의 개성이 중요하게 여겨지는 계기가 되었다.

이 노래는 Slow Rock 풍의 부드럽고 아름다운 가사로 되어있다. 인생을 풍요롭게 지낸 노인이 회고를 하면서 아름다운 세상과 자연 그리고 가족을 노래하고 있다. 그의 트럼펫 연주도 멋지다.
한 때 우리나라 광고에서 이 음악을 사용하여 더욱 유명해졌다.
루이 암스트롱의 흉태를 내면서 부르는 것도 재미있다. 많은 가수들이나 연예인, 심지어는 코미디언들이 그의 창법과 트럼펫 연주를 모사한다.

2.8.A 한글 부분

What a wonderful world
(얼마나 근사한 세상인가!)

초록빛 나무와 빨간 장미를 본다
나와 당신을 위해 그것들이 활짝 피는 것을 본다.
그리고 나 자신에 대해 생각해 본다.
What a wonderful world!
파란하늘과 흰구름을 본다.
은혜가 가득한 화창한 낮 그리고 성스러운 밤
그리고 나 자신에 대해 생각해 본다.
What a wonderful world!

하늘에 떠있는 형형색색 아름다운 무지개가
옆으로 지나가는 사람들의 얼굴에 있다.
친구들이 '안녕하세요?"라고 말하면서
악수하는 모습을 본다.
그들은 사랑한다고 진심으로 말한다.
아기들이 우는 소리가 들린다
나는 그들이 자라는 모습을 지켜본다.
아이들은 내가 알게 될 것보다
더 많은 것을 배울 것이다.
그리고 나 자신에 대해 생각해 본다.

What a wonderful world!

2.8.A-1 영작 1단계 – 문장 찾기와 여러 개로 구분하기

1	초록빛 나무와 빨간 장미를 본다
2	나와 당신을 위해 그것들이 활짝 피는 것을 본다
3	그리고 나 자신에 대해 생각해 본다
4	얼마나 멋진 세상인가
5	파란 하늘과 흰구름을 본다
6	은혜가 가득한 화창한 날, 성스러운 밤
7	하늘에 떠있는 형형색색 아름다운 무지개가 옆으로 지나가는 사람들 얼굴에 있다
8	친구들이 악수하는 모습을 본다, 말을 하면서
8-1	안녕하세요?
9	그들은 진정으로 말하고 있다
9-1	당신을 사랑합니다
10	아기들이 우는 소리를 듣는다
11	나는 그들이 자라는 모습을 지켜본다
12	그들은 더 많이 배울 것이다
12-1	내가 알게 될 것 보다

2.8.A-2 영작 2단계 – 주어, 동사 찾기와 동사의 시제 결정하기

1	초록빛 나무와 빨간 장미를 본다	현재
2	나와 당신을 위해 그것들이 활짝 피는 것을 본다	현재
3	그리고 나 자신에 대해 생각해 본다	현재
4	얼마나 멋진 세상인가	감탄문
5	파란 하늘과 흰구름을 본다	현재
6	은혜가 가득한 화창한 날, 성스러운 밤	단어

7	하늘에 떠있는 형형색색 아름다운 무지개가 지나가는 사람들의 얼굴에 있다	현재
8	친구들이 악수하는 모습을 본다, 말을 하면서	현재
8-1	안녕하세요?	현재
9	그들은 진정으로 말하고 있다	현재진행
9-1	당신을 사랑합니다	현재
10	아기들이 우는 소리를 듣는다	현재
11	나는 그들이 자라는 모습을 지켜본다	현재
12	그들은 더 많이 배울 것이다	미래
12-1	내가 알게 될 것 보다	미래

2.8.A-3 영작 3단계 – 문장의 형식 결정

1	초록빛 나무와 빨간 장미를 본다	P3
2	나와 당신을 위해 그것들이 활짝 피는 것을 본다	P5
3	그리고 나 자신에 대해 생각해 본다	P3
4	얼마나 멋진 세상인가	감탄문
5	파란 하늘과 흰구름을 본다	P3
6	은혜가 가득한 화창한 날, 성스러운 밤	단어
7	하늘에 떠있는 형형색색 아름다운 무지개가 옆으로 지나가는 사람들의 얼굴에 있다	P1
8	친구들이 악수하는 모습을 본다, 말을 하면서	P5
8-1	안녕하세요?	P2
9	그들은 진정으로 말하고 있다	P3
9-1	당신을 사랑합니다	P3

10	아기들이 우는 소리를 듣는다	P5
11	나는 그들이 자라는 모습을 지켜본다	P5
12	그들은 더 많이 배울 것이다	P3
12-1	내가 알게 될 것 보다	P3

2.8.A-4 영작 4단계 - 영어의 Pattern 순서로 위치 변경하기

no	S	V	C or O	O or C	P
1	나는	본다	초록빛 나무와 빨간 장미를		3
2	나는	본다	그들이	활짝 피는 것을 -나와 당신을 위해	5
3	-그리고 나는	생각해 본다	나 자신에 대해		3
4	-얼마나	멋진	세상인가	(감탄문)	
5	나는	본다	파란하늘과 흰구름		3
6	은혜가 가득한	화창한 낮	성스러운 밤		
7	형형색색의 무지개 -너무나 예쁘게 -하늘에 떠있는	있다(존재한다)	-역시 -얼굴 위에 -사람들	-옆으로 지나가는	1
8	나는	본다	친구들이	악수하는 것을 -말하면서(8-1)	5
8-1	(안녕하세요?) 어떠세요	하시는 게	여러분은		2
9	그들은	-진심으로 말하고 있다	9-1		3
9-1	나는	사랑해요	당신을		3
10	나는	들린다	아기들이	울고 있는	5
11	나는	지켜본다	그들이	자라는 걸	5
12	그늘은	배울 것이나	너 많이		3

| 12-1 | -보다
내가 | -한번이라도
배울 것이다 | | | 3 |

2.8.B 영어 부문

What a wonderful world

I see trees of green, red roses too
I see them bloom for me and you
And I think to myself
What a wonderful world!
I see skies of blue and clouds of white
The bright blessed day, the dark sacred night.
And I think to myself
What a wonderful world

The colors of the rainbow, so pretty in the sky
are also on the faces of people going by
I see friends shaking hands,
saying "How do you do?"
They're really saying "I love you"
I hear babies crying
I watch them grow
They'll learn much more
than I'll ever know
And I think to myself
What a wonderful world

(* 읽기 목표 시간 – 45초)

2.8.B-1 번역 1단계 - 문장 구분하기

1	I see threes of green, red roses too
2	I see them bloom for me and you
3	And I think to myself
4	What a wonderful world
5	I see skies of blue and clouds of white
6	The bright blessed day, the dark sacred night
7	The colors of the rainbow, so pretty in the sky are also on the faces of people going by
8	I see friends shaking hands saying
8-1	How do you do?
9	They are really saying
9-1	I love you
10	I hear babies crying
11	I watch them grow
12	They will learn much more
12-1	than I will ever know

2.8.B-2 번역 2단계 - 주어, 동사 찾기와 동사의 시제 파악

1	I see threes of green, red roses too	현재
2	I see them bloom for me and you	현재
3	And I think to myself	현재
4	What a wonderful world	감탄문
5	I see skies of blue and clouds of white	현재
6	The bright blessed day, the dark sacred night	단어

7	The colors of the rainbow, so pretty in the sky are also on the faces of people going by	현재
8	I see friends shaking hands saying	현재
8-1	How do you do?	현재
9	They are really saying	현재진행
9-1	I love you	현재
10	I hear babies crying	현재
11	I watch them grow	현재
12	They will learn much more	미래
12-1	Than I will ever know	미래

2.8.B-3 번역 3단계 - 문장의 형식 파악

1	I see threes of green, red roses too	P3
2	I see them bloom for me and you	P5
3	And I think to myself	P3
4	What a wonderful world	감탄문
5	I see skies of blue and clouds of white	P3
6	The bright blessed day, the dark sacred night	단어
7	The colors of the rainbow, so pretty in the sky are also on the faces of people going by	P1
8	I see friends shaking hands saying	P5
8-1	How do you do?	P2
9	They are really saying	P3
9-1	I love you	P3

10	I hear babies crying	P5
11	I watch them grow	P5
12	They will learn much more	P3
12-1	Than I will ever know	P3

2.8.B-4 번역 4단계 - 복문장의 경우 문장과 문장과의 관계 파악

8 Vo	I see friends shaking hands saying	본동사가 아닌 현재분사 'saying'의 목적어로 8-1 문장이 왔다.
8-1	how do you do	
9 Fp33	They are really saying	Are saying의 목적어로 단어 대신 문장이 왔다. 즉 목적절
9-1	I love you	
12 Dw	They will learn much more	
12-1	than I will ever know	12 문장에 대한 보충적 조건을 의미한다.

- Vo(Verb object) ; 본동사가 아닌 중간에 나오는 동사(현재분사, 동명사, to-부정사)의 목적어로 온 문장
- Fp33(Five Pattern 3형식 3번째 자리) ; 3형식 목적어 자리에 문장이 왔다. (목적절)
- Dw(Do-While형) ; 결론을 먼저 말하고 조건을 뒤에서 보충적 조건을 설명하는 문장

2.8.B-5 Pattern의 순서로 분리

No	S	V	C or O	O or C	P
1	I	see	trees of green red roses	-too	3
2	I	see	them	bloom -for me and you	5
3	-And I	think to	myself		3
4	What a wonderful world				감탄
5	I	see	skies of blue -and clouds of white		3
6	The bright blessed day the dark sacred night				감탄
7	The colors of the rainbow, -so pretty -in the sky	are -also	-on the faces -of people	going by	1
8	I	see	friends	shaking hands -saying(8-1)	5
8-1	How do you	do			2
9	They	are	9-1		3

		-really saying			
9-1	*I*	*love*	*you*		3
10	*I*	*hear*	*babies*	*crying*	5
11	*I*	*watch*	*them*	*grow*	5
12	*They*	*will learn*	*much more*		3
12-	-than *I* -ever	*will* *know*			3

2.8.C. 주요 문장 분석

- The colors of the rainbow, so pretty in the sky are also on the faces of people going by.

  직역 – 하늘 속에 있는 너무나 예쁜 무지개의 색깔들이 옆에 지나가고 있는 사람들의 얼굴들 위에 역시 존재합니다

  의역 – 하늘에 떠있는 형형색색의 무지개가 옆에 지나가는 사람들의 얼굴 위에도 역시 쓰여있어요.

  이 문장은 매우 단순한 문장에 다양한 의미를 부여한 것이므로 그 과정을 보여주는 것만으로도 충분히 이해가 될 것이다.

  The colors are. 색들이 존재합니다.

  The colors are on the faces. 색들이 얼굴들 위에 존재합니다.

  The colors are on the faces of people. 색들이 사람들의 얼굴들 위에 ....

  The colors are on the faces of people going by. 색들이 옆에 지나가는 사람들의 얼굴들 위에 ......

  The colors are also on the faces of people going by. 색들이 옆에 지나가는 사람들의 얼굴들 위에도 ....

  The colors of the rainbow are also on the faces of people going by.
  무지개의 색들이 ....

  The colors of the rainbow so pretty are also on the faces of people going by.
  너무나 예쁜 무지개의 색들이 ....

  The colors of the rainbow so pretty in the sky are also on the faces of people going by.
  하늘에 떠있는 너무나 예쁜 무지개의 색들이 ......

- I see friends shaking hands saying "How do you do?"
직역 – "안녕하세요?"라고 말하면서 악수를 하는 친구들을 봅니다.
의역 – 친구들이 '안녕하세요?'라고 인사를 하면서 악수하는 모습을 봅니다.

위의 문장은 5형식의 문장으로 'shaking'이 목적어인 'friends'의 목적보어로 온 것이다. 즉 목적어를 보충해서 설명하는 의미이다. 이처럼 5형식에서 목적보어가 반드시 'to 부정사'만 오는 것은 아니다. 현재분사가 왔으므로 현재 '흔드는 중'인 동작으로 해석하는 것이 올바르다. 'hands'는 'shaking'의 목적어로 사용된 것이다. 그러나 보통은 'shaking hands'가 악수한다는 의미로 사용된다. 그러므로 '악수하고 있는 중인'으로 해석한 것이다. 그리고 'saying'은 현재분사이므로 '~ 하면서'라고 해석한다. 'How do you do?'는 saying의 목적어로 온 문장이다. 그래서 본동사가 아닌 문장 중간에 나타나는 동사(현재분사, 동명사, to-부정사)의 목적어로 문장이 왔으므로 Vo(verb object)라고 복문장 구분 코드를 부여한 것이다.

2.9 Tie a yellow ribbon round the ole oak tree

그룹 Tony Orland & Dawn가 1973년 발표해서 그 해 아메리카 팝 차트 1위를 석권한 곡이다. 팀 리더이자 작곡자인 Michael Anthony Orland Cassavitis가 중심이 되어 결성된 그룹이다. 그는 1944년에 미국에서 태어나서 15살에 이미 탁월한 음악성을 인정받고 그룹을 결성해서 노래를 했으며 16살에 히트곡을 작곡하였다.
그 뒤 뉴욕 브로드웨이 뮤지컬 제작 회사에 스카우트 되어 음악 관련 작업을 맡았다. 그러다 1960년대 후반 어린 나이에도 불구하고 콜롬비아/CBS Music 담당 부사장을 역임했고 그러다 그룹을 결성하여 지금 이 곡을 발표하면서 크게 성공하게 된다. 1973년부터 1977년까지 CBS 방송국에서 자신들의 이름을 건 쇼를 진행했다.
음악의 성향은 경쾌한 컨트리음악을 추구하면서 록을 가미한 록 컨트리도 연주했다. 이 음악은 이야기 형식의 가사로 인해 주목을 받았는데 뒤에 공부를 하면서 알게 되겠지만 수감 생활을 마치게 된 죄수가 출감 전에 애인에게 편지를 쓴다.
자기를 여전히 사랑하고 받아주는 징표로 노란 리본을 참나무 가지에 달아 달라고. 없으면 떠나겠다고 했는데 집에 도착해서 보니까 온통 집 앞 거리가 노란 리본으로 감싸고 있더라는 따스한 사랑이야기이다.
이 노래로 인해 미국에서는 하나의 문화가 만들어졌는데 멀리 떠나거나 돌아오는 애인이나 남편과 헤어지거나 다시 만날 때 노란 손수건을 흔들게 되었다. 즉 아직도 여전히 사랑한다는 징표로 노란 손수건이 사용되었고 또한 이 노래가 사용되었다. 특히 군인들이 가족과 다시 만날 때 이 음악이 항상 흐른다.
가사가 이야기 형식이므로 다소 길기 때문에 외워서 부르기엔 다소 버겁다. 영어 문장도 초보자가 익히기엔 어려운 측면이 있다. 하지만 여기서 소개되는 방법대로 공부를 하면 아마 쉽게 가사를 외워 노래를 부를 수 있게 될 것이다.
이 노래를 하고 싶다면 가사를 외워서 불러야 한다. 곡이 빠르기 때문에 가사를 보고 부르는 것도 만만치 않다. 그러나 기타를 치면서 이 노래를 부를 수 있다면 틀림없이 영어를 잘한다고 칭찬 받을 수 있다. 이런 가사는 외우는 것 자체가 영어를 잘한다는 의미로 통할 수 있다. 그만큼 공부에 도움이 될만한 내용이 많다.

2.9.A 한글 부분

Tie a yellow ribbon round ole oak tree
(오래된 참나무 주변에 노란 리본 하나를 매달아 놓으세요)

집으로 돌아가는 중입니다. 나에게 주어진 일을 마쳤습니다.
이제 무엇이 내 것이고 무엇이
내 것이 아닌지 알게 되었습니다.
내가 곧 자유의 몸이 된다고 쓴 편지를 받았다면
당신은 무엇을 해야 하는지 알 것입니다.
당신이 아직도 날 원한다면 말이지요
오래된 참나무에 노란 리본 한 개를 매어 놓으세요
삼 년 동안의 긴 시간이 흘렀습니다.
당신은 아직 날 원하고 있나요?
만일 참나무에 매어진 노란 리본을 못 본다면
나는 그냥 버스에서 내리지 않을 것입니다.
우리에 관한 것은 잊어주세요
내 탓으로 여기세요
버스 기사님, 나를 위해 봐주세요
무엇을 보게 될 지 보는 걸 견딜 수 없습니다.
나는 여전히 감옥에 있습니다.
내 사랑 그녀가 이 열쇠를 쥐고 있죠
내가 필요한 그 무엇 단순한 노란 리본만이 나를 자유롭게 합니다.
나는 그녀에게 제발 부탁한다고 편지를 썼습니다.
음, 제기랄 버스가 온통 시끄럽게 난리에요
나는 내가 보고 있는 것을 믿을 수가 없네요
수 백 개의 노란 리본이 참나무에 달려 있네요.

2.9.A-1 영작 1단계 – 문장 찾기와 여러 개로 구분하기

1	나는 집으로 돌아가는 중입니다
2	나에게 주어진 일을 마쳤습니다
3	나는 알게 되었습니다.
3-1	무엇이 내 것이고
3-2	그리고 무엇이 내 것이 아닌지
4	당신이 내 편지를 받는 다면 당신에게 쓴
4-1	나는 곧 자유가 될 거라고
4-2	그땐 당신은 무엇을 해야 하는지 알 것입니다
4-3	당신이 아직도 날 원한다면 말이지요
5	오래된 참나무에 노란 리본 한 개를 매어 놓으세요
6	삼 년 동안의 긴 시간이 흘렀습니다
7	당신은 아직 날 원하고 있나요?
8	만일 참나무에 매어진 노란 리본을 못 본다면
8-1	나는 그냥 버스에서 내리지 않을 것입니다
9	우리에 관한 것을 잊어주세요
10	내 탓으로 여기세요
11	버스 기사님, 나를 위해서 봐주세요
11-1	보게 되는 것이 견딜 수가 없으니까요
11-2	무엇을 보게 될지
12	나는 여전히 감옥에 있습니다
13	내 사랑, 그녀가 열쇠를 쥐고 있죠
14	단순한 노란 리본들이 나를 자유롭게 합니다
14-1	내가 필요로 하는 그 무엇인
15	나는 편지를 썼지요

15-1	그리고 그녀에게 말했어요
16	음, 제기랄 버스가 온통 시끄럽게 난리에요
17	나는 믿을 수가 없어요
17-1	내가 오래된 참나무에 달린 수백 개의 노란 리본들을 보는 것을

2.9.A-2 영작 2단계 - 주어, 동사 찾기와 동사의 시제 결정하기

1	나는 집으로 돌아가는 중입니다	현재진행
2	나에게 주어진 일을 마쳤습니다	현재완료
3	나는 알게 되었습니다.	현재완료
3-1	무엇이 내 것이고	현재
3-2	그리고 무엇이 내 것이 아닌지	현재
4	당신이 내 편지를 받는 다면 당신에게 쓴	현재
4-1	나는 곧 자유가 될 거라고	가정법과거
4-2	그땐 당신은 무엇을 해야 하는지 알 것입니다	미래
4-3	당신이 아직도 날 원한다면 말이지요	현재
5	오래된 참나무에 노란 리본 한 개를 매어 놓으세요	현재
6	삼 년 동안의 긴 시간이 흘렀습니다	현재완료
7	당신은 아직 날 원하고 있나요?	현재
8	만일 참나무에 매어진 노란 리본을 못 본다면	현재
8-1	나는 그냥 버스에서 내리지 않을 것입니다	미래
9	우리에 관한 것을 잊어주세요	현재
10	내 탓으로 여기세요	현재
11	버스 기사님, 나를 위해서 봐주세요	현재
11-1	보게 되는 것이 견딜 수가 없으니까요	가정법과거

11-2	무엇을 보게 될지	가정법과거
12	나는 여전히 감옥에 있습니다	현재
13	내 사랑, 그녀가 열쇠를 쥐고 있죠	현재
14	단순한 노란 리본들이 나를 자유롭게 합니다	현재
14-1	내가 필요로 하는 그 무엇인	현재
15	나는 편지를 썼지요	과거
15-1	그리고 그녀에게 말했어요	과거
16	음, 제기랄 버스가 온통 시끄럽게 난리에요	현재진행
17	나는 믿을 수가 없어요	현재
17-1	내가 오래된 참나무에 달린 수백 개의 노란 리본들을 보는 것을	현재

2.9.A-3 영작 3단계 – 문장의 형식 결정

1	나는 집으로 돌아가는 중입니다	P1
2	나에게 주어진 일을 마쳤습니다	P3
3	나는 알게 되었습니다.	P3
3-1	무엇이 내 것이고	P2
3-2	그리고 무엇이 내 것이 아닌지	P2
4	당신이 내 편지를 받는 다면 당신에게 쓴	P3
4-1	나는 곧 자유가 될 거라고	P2
4-2	그땐 당신은 무엇을 해야 하는지 알 것입니다	P3
4-3	당신이 아직도 날 원한다면 말이지요	P3
5	오래된 참나무에 노란 리본 한 개를 매어 놓으세요	P3
6	삼 년 동안의 긴 시간이 흘렀습니다	P2

7	당신은 아직 날 원하고 있나요?	P3
8	만일 참나무에 매어진 노란 리본을 못 본다면	P3
8-1	나는 그냥 버스에서 내리지 않을 것입니다	P1
9	우리에 관한 것을 잊어주세요	P3
10	내 탓으로 여기세요	P3
11	버스 기사님, 나를 위해서 봐주세요	P3
11-1	보게 되는 것이 견딜 수가 없으니까요	P3
11-2	무엇을 보게 될지	P3
12	나는 여전히 감옥에 있습니다	P1
13	내 사랑, 그녀가 열쇠를 쥐고 있죠	P3
14	단순한 노란 리본들이 나를 자유롭게 합니다	P5
14-1	내가 필요로 하는 그 무엇인	P3
15	나는 편지를 썼지요	P3
15-1	그리고 그녀에게 말했어요	P4
16	음, 제기랄 버스가 온통 시끄럽게 난리에요	P1
17	나는 믿을 수가 없어요	P3
17-1	내가 오래된 참나무에 달린 수백 개의 노란 리본들을 보는 것을	P3

2.9.A-4 영작 4단계 - 영어의 Pattern 순서로 위치 변경하기

no	S	V	C or O	O or C	P
1	나는	돌아가는 중입니다.	-집으로		1
2	나는	마쳤습니다	주어진 일을		3
3	나는	알게 되었습니다	3-1		3
3-1	무엇이	입니다	내 것이		2
3-2	무엇이	아닙니다	내 것이		2
4	-만일 당신이	받는다면	나의 편지를	-쓰여 있는 -당신에게 -4-1	3
4-1	나는	-곧 될 거라고	자유가		2
4-2	-그땐 당신은	알 것이다	-바로 무엇을	-할 지를	3
4-3	-만일 당신이	-아직도 원한다	나를		3
5	(당신이)	매세요	노란 리본을 -주변에 -오래된 참나무		3
6	(가인칭)	되었습니다	긴 3년		2
7	당신은	-아직 원하다	나를		3
8	-만일 나는	못 본다면	노란 리본을		3

			-주변에 -오래된 참나무		
8-1	나는	머물 것이다	-버스에서		1
9	(당신은)	잊으세요	우리에 관한 것		3
10	(당신은)	탓으로 돌리세요	나에게		3
11	-버스 기사님 -제발 (당신은)	봐주세요	-나를 위해	(나대신 노란 리본을 봐달라는 의미)	3
11-1	나는	견딜 수가 없어요	보는 것을	12-2	3
11-2	무엇을 나는	보게 될지			3
12	나는	-여전히 있습니다	-감옥에		1
13	-내 사랑 그녀가	쥐고 있습니다	열쇠를		3
14	-단순한 노란 리본들이	하게 하다	나를	자유롭게	5
14-1	무엇 내가	필요로 하는			3
15	나는	편지를 썼어요			3
15-1	-그리고 나는	말했어요	그녀에게	(노란 리본 ….)	4
16	-음 -온통, 제기랄 버스가	시끄럽게 난리에요			1

17	나는	믿을 수가 없어요	17-1		3
17-1	나는	봅니다	수백 개 노란 리본을	-매여진 -오래된 참나무에	3

2.9.B 영어 부문

Tie a yellow ribbon round ole oak tree

I'm coming home.
I've done my time
Now I've got to know what is and isn't mine.
If you received my letter telling you I'd soon be free
then you'll know just what to do
if you still want me. if you still want me.
Tie a yellow ribbon round the ole oak tree,
It's been three long years.
Do ya still want me ?
If I don't see a ribbon round the ole oak tree
I'll stay on the bus.
Forget about us, put the blame on me
if I don't see a yellow ribbon round the ole oak tree.
Bus driver, please look for me.
cause I couldn't bear to see what I might see.
I'm really still in prison
And my love, she holds the key.
Simple yellow ribbons what I need to set me free.
I wrote and told her please.
Now the whole damn bus is cheering
And I can't believe
I see a hundred yellow ribbons round the ole oak tree.

(* 읽기 목표 시간 - 55초)

2.9.B-1 번역 1단계 - 문장 구분하기

1	I am coming home
2	I have done my time
3	Now I've got to know
3-1	what is mine
3-2	and isn't mine
4	If you received my letter telling you
4-1	I'd soon be free
4-2	then you'll know what to do
4-3	if you still want me
5	Tie a yellow ribbon round ole oak tree
6	It's been three long years
7	Do ya still want me? ('ya'는 'you'의 속어)
8	If I don't see a ribbon round ole oak tree
8-1	I'll stay on the bus
9	Forget about us
10	Put the blame on me
11	Bus driver, please look for me
11-1	cause I couldn't bear to see
11-2	what I might see
12	I'm really still in prison
13	And my love, she holds the key
14	Simple yellow ribbons set me free
14-1	what I need to
15	I wrote
15-1	and told her please
16	Now the whole damn bus is cheering
17	And I can't believe
17-1	I see a hundred yellow ribbons round the ole oak tree

2.9.B-2 번역 2단계 - 주어, 동사 찾기와 동사의 시제 파악

1	I am coming home	현재진행
2	I have done my time	현재완료
3	Now I've got to know	현재완료
3-1	what is mine	현재
3-2	and isn't mine	현재
4	If you received my letter telling you	현재
4-1	I'd soon be free	가정법과거
4-2	then you'll know what to do	미래
4-3	if you still want me	현재
5	Tie a yellow ribbon round ole oak tree	현재
6	It's been three long years	현재완료
7	Do ya still want me?	현재
8	If I don't see a ribbon round ole oak tree	현재
8-1	I'll stay on the bus	미래
9	Forget about us	현재
10	Put the blame on me	현재
11	Bus driver, please look for me	현재
11-1	cause I couldn't bear to see	가정법과거
11-2	what I might see	가정법과거
12	I'm really still in prison	현재
13	And my love, she holds the key	현재
14	Simple yellow ribbons set me free	현재
14-1	what I need to	현재
15	I wrote	과거
15-1	and told her please	과거
16	Now the whole damn bus is cheering	현재진행
17	And I can't believe	현재
17-1	I see a hundred yellow ribbons round the ole oak tree	현재

2.9.B-3 번역 3단계 - 문장의 형식 파악

1	I am coming home	P1
2	I have done my time	P3
3	Now I've got to know	P3
3-1	what is mine	P2
3-2	and isn't mine	P2
4	If you received my letter telling you	P3
4-1	I'd soon be free	P2
4-2	then you'll know what to do	P3
4-3	if you still want me	P3
5	Tie a yellow ribbon round ole oak tree	P3
6	It's been three long years	P2
7	Do ya still want me?	P3
8	If I don't see a ribbon round ole oak tree	P3
8-1	I'll stay on the bus	P1
9	Forget about us	P3
10	Put the blame on me	P3
11	Bus driver, please look for me	P3
11-1	cause I couldn't bear to see	P3
11-2	what I might see	P3
12	I'm really still in prison	P1
13	And my love, she holds the key	P3
14	Simple yellow ribbons set me free	P5
14-1	what I need to	P3
15	I wrote	P1
15-1	and told her please	P4
16	Now the whole damn bus is cheering	P1
17	And I can't believe	P3
17-1	I see a hundred yellow ribbons round the ole oak tree	P3

2.9.B-4 번역 4단계 - 복문장의 경우 문장과 문장과의 관계 파악

3 Vo-Pr	Now, I've got to know	본동사가 아닌 'to know'의 목적어로 3-1, 3-2 문장이 왔다.
3-1	what is mine	위 문장 'to know'의 목적어 문장
3-2	and isn't mine	3번 문장 'to know'의 2번째 목적어 문장
4 It(Vo)	If you received my letter telling you	
4-1	I'd soon be free	4번 'telling'의 직접목적어로 온 문장
4-2	then you'll know what to do	4번 조건에 대한 결과의 문장
4-3	if you still want me	4-2문장에 대한 추가적 조건 문장
8 It	If I don't see a ribbon round ole oak tree	
8-1	I'll stay on the bus	8번 문장 조건에 대한 결과의 문장
11 Dw-Vo	Bus drive, please look for me	
11-1	cause I couldn't bear to see	11번 문장에 대한 추가적 조건 문장
11-2	what I might see	11-1 'to see'의 목적어 문장
14 At	Simple yellow ribbons set me free	Simple yellow ribbons를 추가적으로 설명하는 문장이 14-1
14-1	what I need to	
15 Pr	I wrote	
15-1	and told her please	15번 문장에 이은 추가의 문장
17 Fp33	And I can't believe	
17-1	I see a hundred yellow ribbons round the ole oak tree	17번 문장 'can't believe'의 목적어로 온 문장

● Vo-Pr(Verb Object-Process) ; 본동사가 아닌 동사의 목적어로 문장이 왔고 그 안이

문장이 나열형인 2개로 이루어져 있다.
- It(Vo)-Dw) ; 조건이 먼저 나오고 그 뒤에 그 조건에 따른 결과의 문장이 오는데 조건의 문장 안에 본동사가 아닌 동사의 목적어로 문장이 왔고 뒤에 조건에 따른 결과의 문장이 다시 2개의 문장이 이루어져 있다. 이 문장은 It형과는 반대로 결론의 문장이 먼저 있고 그 뒤에 그 결론을 위한 조건의 문장이 왔다.
- It(If-then) ; 조건이 먼저 나오고 그 뒤에 그 조건에 따른 결과의 문장이 오는 경우
- Dw-Vo ; 결론이 먼저 나오고 뒤에서 그 결론을 위한 조건의 문장이 왔는데 그 문장 안에 본동사가 아닌 동사의 목적어로 문장이 왔다.
- Pr(Process형) ; 발생한 시간의 순서대로 나열한 문장
- At (Attatched형) ; 어떤 단어를 뒤에서 설명하는 문장(관계대명사)
- Fp33(Five Pattern 3형식 3번째 자리) ; 3형식 목적어 자리에 문장이 왔다. (목적절)

2.9.B-5 Pattern의 순서로 분리

no	S	V	C or O	O or C	P
1	*I*	*am coming*	home		1
2	*I*	*have done*	my time		3
3	-Now *I*	*have got*	to know	(3-1,3-2)	3
3-1	*what*	*is*	mine		2
3-2	*(what)*	*isn't*	Mine		2
4	-If *you*	*received*	my letter	-telling -you	3
4-1	*I*	would -soon be	free		2
4-2	-then *you*	*will know*	-just what to do		3
4-3	-if *you*	-still *want*	me		3
5	*(you)*	*Tie*	a yellow ribbon	-round -ole oak tree	3
6	*It* 	*has been*	three long years		2
7	-*Do* *ya(you)*	-still *want*	me		3
8	-If *I*	*don't see*	a ribbon	-round ole oak tree	3

8-1	*I*	*will stay*	-on the bus		1
9	*(you)*	*forget about*	*us*		3
10	*(you)*	*Put*	*the blame*	-on me	3
11	-Bus driver *(you)*	*look*	-for me		3
11-1	-cause *I*	*couldn't bear*	*to see*	11-2	3
11-2	*what* *I*	*might see*			3
12	*I*	*am*	-really -still	-in prison	1
13	-And my love, *she*	*holds*	*the key*		3
14	**Simple yellow ribbons** **(14-1)**	**set**	**me**	**free**	5
14-1	*what* *I*	*need to*	*(what)*		3
15	*I*	*wrote*			1
15-1	-and *(I)*	*told*	*her*	*(tie a yellow .)*	4
16	-Now **the whole damn bus**	**is cheering**			1

17	-And *I*	*can't believe*	*17-1*		3
17-1	*I*	*see*	*a hundred yellow ribbons*	-round -ole oak tree	3

2.9.C. 주요 문장 분석

- I've got to know what is mine and isn't mine.

    직역 – 나는 무엇이 내 것이고 그리고 아닌지 아는 것을 갖게 된 상태에요.

    의역 – 나는 무엇이 내 것이고 내 것이 아닌지 알게 되었어요.

    'I know'는 안다는 뜻이고 'I get to know'는 알게 된다는 뜻이다. 즉 아는 것을 갖게 된다는 뜻으로 현재완료형 시제를 사용하였으므로 '갖게 된 상태'가 되었다는 의미이므로 '알게 되었다'라고 해석하는 것이 좋다.

    예를 들어

    I am tired – 나 피곤해.

    I have got tired – 나 피곤해졌어.

    가 된다.

    'what is mine and (what) isn't mine' 문장은 'to know'의 목적어로 오게된 문장이다. 즉 'to know'의 목적절이다. 이러한 경우를 복문장에서 Verb object라고 필자는 정의하였다.

    (자세한 것은 필자의 저서 '복문장 영작의 모든 것' 참조)

- If you received my letter telling you I'd soon be free

    직역 – 만일 '내가 곧 자유가 될 거'라고 당신에게 말하고 있는 편지를 받는 다면

    의역 – 만일 '내가 곧 자유가 될 거'라는 당신에게 쓴 편지를 받는 다면

    위에서처럼 편지의 내용을 소개할 때 보통 현재분사 'telling'이라고 사용한다.

    예를 들면

    다음 주에 우리가 영화 보러 갈 거라고 게시판에 쓰여 있어요.

    It is saying that we are going to see a movie on the board.

(게시판에 쓰여있는 내용을 말할 때는 가인칭 주어 'it'를 사용한다.

 'it says'라고 현재형으로 해도 되지만 현재 게시판에서 계속 말하고 있으므로 주로 현재진행형을 사용한다.)

문법적으로 보면 'telling you that' 이라고 관계대명사 'that'을 사용하여야 한다.

I'd soon be free.는 I would soon be free를 줄여서 사용한 것이다.

편지의 내용에는 'I will soon be free'라고 했겠지만 따옴표가 없으므로 간접화법을 써서 시제를 과거로 사용한 것이다. 앞의 'if 문'의 시제가 과거이므로.

편지를 받는 싯점에서는 이미 쓴 싯점은 과거가 되었으므로 당연히 will의 과거인 would를 써야 한다.

- Simple yellow ribbons what I need to set me free.

직역 - 내가 필요로 하는 그 무엇인 단순히 노란 리본들이 나를 자유롭게 합니다.

의역 - 내가 필요로 하는 노라 리본들만이 나를 자유롭게 합니다.

'what I need to'는 Simple yellow ribbons를 설명하는 문장이다. 그러므로 여기서 'what'은 관계대명사이면서 동시에 의문대명사이기도 하다.

'need to'는 종종 직접 무언가가 필요할 때 강조하기 위해 전치사 'to'를 붙인다. 즉 'to set'이라고 'to 부정사'가 'need'의 목적어로 온 것이 아니다.

예를 들면 'I need to the pen.'은 '난 그 펜이 꼭 필요해'의 의미가 된다.

그러니까 이 문장은 Simple yellow ribbons set me free.가 주문장이 된다.

주어가 복수이므로 동사 'set'에 's'를 붙이지 않았다.

2.10 I owe you

독일계 부부 가수인 **Carry Kreusel**과 **Ron Traub**가 듀엣으로 부른 곡이다. 그룹 이름은 'Carry & Ron'이며 여자가 보컬을 맡고 남자가 기타를 연주한다. 그들은 **1988년**에 결성하여 이렇다할 히트곡이 없었고 이 곡을 발표할 때에도 독일에서는 그다지 인기를 끌지 못하였고 잘 알려지지 않았다. 원래 이 곡은 미국 컨트리 가수인 **Lee Greenwood**가 **1983년** 발표한 곡을 리메이크해서 부른 곡이다.

그런데 1996년 우리나라 드라마 유동근과 황신혜가 주인공이면서 불륜을 미화한 주제로 인기를 끌었던 '애인'에 삽입되면서 크게 히트하였다. 그때 우니라라에서 이 곡이 수록된 음반이 **50만장** 넘게 팔렸다고 하는데 정작 독일에서는 거의 팔리지도 않고 알려지지도 않았다고 한다. 결국 한국에서 히트한 이 곡 때문에 경제적으로 도움을 받게 되고 힘을 얻어 계속 음악활동을 할 수 있었고 나중에는 히트곡을 내게 되었다고 한다. 한국의 드라마 덕분에 전환점이 되었다고 할 수 있다. 우니나라에도 여러 번 공연을 다녀갔다.

이 곡은 컨트리 계열로 분류되지만 가스펠과 가깝다. 노래 가사도 사랑하는 애인을 의미하기도 하지만 결국 하나님과 같은 무한한 사랑을 표현한다. 가스펠과 찬송가의 가장 두드러진 다른 점은 가스펠은 대중적인 리듬에 바탕을 두지만 찬송가는 대중적인 리듬을 사용하지 않는다. **Anne Murray**가 부른 대부분의 곡들은 가스펠이지만 대중적인 리듬과 대중적인 가사로 일반인들은 가스펠로 느끼지도 않는다. 하지만 간접적으로 하나님을 찬양하며 복음을 목적으로 부르는 노래이다.

최근에는 가스펠보다 더 진화하여 **CCM**이라고 부른다. 좀 더 현대적인 리듬과 대중적인 모든 스타일을 수용하여 **Contemporary Christian Music**이라고 하는 것이다. 그러므로 이 곡을 노래할 때는 보다 경건하고 차분하게 불러야 이 곡의 느낌을 보다 살릴 수 있다. 말하자면 찬송가를 부르는듯 하라는 것이다. 바이브레이션이나 기교를 부리지말고 너무 고음도 아닌 편안한 음높이를 선택하여 음정과 박자를 지키면서 깔끔하게 불러야 듣기에 좋다.

2.10.A 한글 부분

I owe you
(당신 덕분입니다)

당신은 믿습니다.
내가 당신의 인생을 영원히 바꾸어 놓았고
더 이상 나와 같은 사람을 찾지 않을 것이라는 것을.
그리고 당신은 삶의 시간보다
더 많은 것을 가졌기를 간절히 바랍니다.
내가 그 동안 당신에게 준 것을 모두 돌려주기 위해서 말이지요
바로 그 것이 당신이 믿는 것입니다.
그렇지만 아침 햇살과
시간이 빼앗아 갈 수 없는 모든 이 사랑의 밤들도
당신 덕분입니다.
인생보다도 더 많은 것들이 당신 덕분입니다
나는 압니다. 내가 언젠가 갚아야 할
달콤한 사랑의 빚인 것을
당신이 살아가는 이유가 바로 나 때문이라고
말할 때 나는 놀랐습니다.
내가 언제 당신을 안을 거라는 것을 당신은 압니다.
당신이 속해 있는 곳이 올바른 곳입니다
사랑하는 이여,
내가 당신을 위해 했던 모든 것들을 당신이 내게 말했을 때
나는 경탄의 미소를 지지 않을 수 없었습니다.
나도 그 동안의 것을 모두 알고 있었으니까요

2.10.A-1 영작 1단계 – 문장 찾기와 여러 개로 구분하기

1	당신은 믿습니다
1-1	내가 당신의 인생을 영원히 바꾸어 놓았고
2	당신은 나와 같은 또 다른 누군가를 더 이상 찾지 않을 것입니다
3	당신은 간절히 바랍니다
3-1	모든 걸 돌려주기 위해 삶의 시간보다 더 많은 것을 가졌기를
3-2	내가 이제까지 당신에게 주어왔던 것을
4	바로 그게 당신이 믿는 것입니다
4-1	당신이 믿고 있는 것이
5	그렇지만 이 아침에 햇살도 그리고 이런 모든 사랑을 나누는 밤들도 당신 덕분입니다
5-1	시간이 빼앗아 갈 수 없는
6	그리고 인생보다도 더 많은 것들이 당신 덕분입니다
7	난 압니다
7-1	달콤한 빚이라는 것을
7-2	언젠가 꼭 갚아야 하는
8	나는 놀랐습니다
8-1	당신이 말했을 때
8-2	바로 나라고
8-3	당신이 사는 이유가
9	당신은 압니다
9-1	언제 내가 당신을 안을 것이라는 걸
10	당신은 옳습니다
10-1	당신이 속해 있는 곳이
11	내 사랑이여, 나는 경탄의 미소를 짓지 않을 수 없습니다

11-1	당신이 모든 것을 내게 말했을 때
11-2	내가 당신을 위해 해 왔던
11-3	나도 그 동안의 것을 모두 알고 있었으니까요

2.10.A-2 영작 2단계 – 주어, 동사 찾기와 동사의 시제 결정하기

1	당신은 믿습니다	현재
1-1	내가 당신의 인생을 영원히 바꾸어 놓았고	현재완료
2	당신은 나와 같은 또 다른 누군가를 더 이상 찾지 않을 것입니다	현재진행
3	당신은 간절히 바랍니다	현재
3-1	모든 걸 돌려주기 위해 삶의 시간보다 더 많은 것을 가졌기를	과거
3-2	내가 이제까지 당신에게 주어왔던 것을	현재완료
4	바로 그게 당신이 (믿는 것)입니다	현재
4-1	당신이 믿고 있는 것이	현재
5	그렇지만 이 아침에 햇살도 그리고 이런 모든 사랑을 나누는 밤들도 당신 덕분입니다	현재
5-1	시간이 빼앗아 갈 수 없는	현재
6	그리고 인생보다도 더 많은 것들이 당신 덕분입니다	현재
7	난 압니다	현재
7-1	달콤한 빛이라는 것을	현재
7-2	언젠가 꼭 갚아야 하는	현재
8	나는 놀랐습니다	현재
8-1	당신이 말했을 때	현재
8-2	바로 나라고	현재

8-3	당신이 사는 이유가	현재
9	당신은 압니다	현재
9-1	언제 내가 당신을 안을 것이라는 걸	현재진행
10	당신은 옳습니다	현재
10-1	당신이 속해 있는 곳이	현재
11	내 사랑이여, 나는 경탄의 미소를 짖지 않을 수 없습니다	현재
11-1	당신이 모든 것을 내게 말했을 때	현재
11-2	내가 당신을 위해 해 왔던	현재완료
11-3	나도 그 동안의 것을 모두 알고 있었으니까요	현재완료

2.10.A-3 영작 3단계 – 문장의 형식 결정2

1	당신은 믿습니다	P3
1-1	내가 당신의 인생을 영원히 바꾸어 놓았고	P3
2	당신은 나와 같은 또 다른 누군가를 더 이상 찾지 않을 것입니다	P1
3	당신은 간절히 바랍니다	P3
3-1	모든 걸 돌려주기 위해 삶의 시간보다 더 많은 것을 가졌기를	P3
3-2	내가 이제까지 당신에게 주어왔던 것을	P4
4	바로 그게 당신이 믿는 것입니다	P2
4-1	당신이 믿고 있는 것이	P3
5	그렇지만 이 아침에 햇살도 그리고 이런 모든 사랑을 나누는 밤들도 당신 덕분입니다	P4
5-1	시간이 빼앗아 갈 수 없는	P3
6	그리고 인생보다도 더 많은 것들이 당신 덕분입니다	P4

7	난 압니다	P3
7-1	달콤한 빚이라는 것을	P2
7-2	언젠가 꼭 갚아야 하는	P3
8	나는 놀랐습니다	P1
8-1	당신이 말했을 때	P3
8-2	바로 나라고	P2
8-3	당신이 사는 이유가	P3
9	당신은 압니다	P3
9-1	언제 내가 당신을 안을 것이라는 걸	P3
10	당신은 옳습니다	P2
10-1	당신이 속해 있는 곳이	P3
11	내 사랑이여, 나는 경탄의 미소를 짖지 않을 수 없습니다	P3
11-1	당신이 모든 것을 내게 말했을 때	P4
11-2	내가 당신을 위해 해 왔던	P3
11-3	나도 그 동안의 것을 모두 알고 있었으니까요	P3

2.10.A-4 영작 4단계 - 영어의 Pattern 순서로 위치 변경하기

no	S	V	C or O	O or C	P
1	당신은	믿습니다	1-1		3
1-1	내가	바꾸어 놓았습니다	당신의 인생을	-영원히	3
2	당신은	-더 이상 안 찾을 것입니다	-누군가를	-또 다른 -나와 같은	1
3	당신은	간절히 바랍니다	3-1		3
3-1	당신은	갖게 되기를	더 많이 -삶의 시간 보다 -돌려주기 위해	-모든 것을 (3-2)	3
3-2	내가	주어왔던	당신에게	(모든 것)	4
4	그것은	입니다	4-1		2
4-1	당신이	믿는	무엇		3
5	-그렇지만 나는	덕분입니다	당신	태양빛을 -아침에 -밤을 -이 모든 -나누고 있는 사랑 (5-1)	4
5-1	시간이	빼앗아 갈 수 없는	(나누고 있는 사람.)		3
6	-그리고 나는	덕분입니다	당신에게	더 많은 것들이 -인생보다 -더 많	4

				-그 전에 있었던	
7	나는	압니다	7-1		3
7-1	가인칭	입니다	가장 달콤한 빛		2
8	나는	놀랐습니다			1
8-1	-때 당신이	말했을	8-2		3
8-2	가인칭	입니다	나		2
8-3	당신은	삽니다	때문에 (8-2)		3
9	당신은	압니다	9-1		3
9-1	-언제 내가	안으려고	당신을		3
10	당신이	입니다	옳습니다		2
10-1	어디에 당신이	속해	(어디에)		3
11	-내 사랑이여 나는	않을 수 없습니다	-빼고 미소를	-경탄의	3
11-1	-때 당신이	말했을	내게	모든 것을(11-2)	4
11-2	내가	주어왔던	(모든 것)	-당신을 위해	3
11-3	-니까요 내가	알고 있으니까	모든 걸	-그 동안의 것을	3

2.10.B 영어 부문

I owe you

You believe that I've changed your life forever
And you are never gonna
find another somebody like me.
And you wish you had more than just a life time
to give back all I've given you.
And that's what you believe
But I owe you the sunlight in the morning
and the nights of all this loving
that time can't take away.
And I owe you more than life
that more than ever.
I know that it's the sweetest debt
I ever have to pay.

I am amazed when you say it's me you live for.
You know that when I'm holding you.
You're right where you belong.
And my love, I can't help but smile with wonder
when you tell me all I've done for you
cause I've known all along.

(* 읽기 목표 시간 – 50초)

2.10.B-1 번역 1단계 - 문장 구분하기

1	You believe
1-1	that I've changed your life forever
2	And you are never going to find another somebody like me
3	And you wish
3-1	you had more than just a life time to give back all
3-2	I've given you
4	And that is
4-1	what you believe
5	But I owe you the sunlight in the morning and the nights of all this loving
5-1	that time can't take away
6	And I owe you more than life that more than ever
7	I know
7-1	that it is the sweetest debt
7-2	I ever have to pay
8	I am amazed
8-1	when you say
8-2	it is me
8-3	you live for
9	You know
9-1	than when you are holding you
10	You are right
10-1	where you belong
11	And my love, I can't help but smile with wonder
11-1	when you tell me all
11-2	I've done for you
11-3	cause I've known all along

2.10.B-2 번역 2단계 - 주어, 동사 찾기와 동사의 시제 파악

1	You believe	현재
1-1	that I've changed your life forever	현재완료
2	And you are never going to find another somebody like	현재진행
3	And you wish	현재
3-1	you had more than just a life time to give back all	과거
3-2	I've given you	현재완료
4	And that is	현재
4-1	what you believe	현재
5	But I owe you the sunlight in the morning and the nights of all this loving	현재
5-1	that time can't take away	현재
6	And I owe you more than life that more than ever	현재
7	I know	현재
7-1	that it is the sweetest debt	현재
7-2	I ever have to pay	현재
8	I am amazed	현재
8-1	when you say	현재
8-2	it is me	현재
8-3	you live for	현재
9	You know	현재
9-1	than when you are holding you	현재진행
10	You are right	현재
10-1	where you belong	현재
11	And my love, I can't help but smile with wonder	현재
11-1	when you tell me all	현재
11-2	I've done for you	현재완료
11-3	cause I've known all along	현재완료

2.10.B-3 번역 3단계 - 문장의 형식 파악

1	You believe	P3
1-1	that I've changed your life forever	P3
2	And you are never going to find another somebody like	P1
3	And you wish	P3
3-1	you had more than just a life time to give back all	P3
3-2	I've given you	P4
4	And that is	P2
4-1	what you believe	P3
5	But I owe you the sunlight in the morning and the nights of all this loving	P4
5-1	that time can't take away	P3
6	And I owe you more than life that more than ever	P4
7	I know	P3
7-1	that it is the sweetest debt	P2
7-2	I ever have to pay	P3
8	I am amazed	P1
8-1	when you say	P3
8-2	it is me	P2
8-3	you live for	P3
9	You know	P3
9-1	than when you are holding you	P3
10	You are right	P2
10-1	where you belong	P3
11	And my love, I can't help but smile with wonder	P3
11-1	when you tell me all	P4
11-2	I've done for you	P3
11-3	cause I've known all along	P3

2.10.B-4 번역 4단계 - 복문장의 경우 문장과 문장과의 관계 파악

1 Fp33	You believe	
1-1	that I've changed your life forever	1번 문장 believe의 목적절
3 Fp33-At	You wish	
3-1	you had more than just a life time to give back all	3번 문장 wish의 목적절
3-2	I've given you	3-1문장 all을 덧붙여 설명하는 문장으로 관계대명사 'that'이 생략되었다.
4 Fp23	That is	
4-1	what you believe	4번 문장의 보어 자리에 온 문장(보어절)
5 At	But I owe you the sunlight in the morning and the nights of all this loving	
5-1	that time can't take away	5번 문장 'the nights of all this loving'을 덧붙여 설명하는 문장
7 Fp33-At	I know	
7-1	that it is the sweetest debt	7번 문장 know의 목적절
7-2	I ever have to pay	7-1문장 'the sweetest debt'를 설명하는 문장. 관계대명사 'that'이 생략되었다
8 Dw- Fp33(At)	I am amazed	
8-1	when you say	8번 문장에 대한 조건적 상황 설명
8-2	it is me	8-1 say의 목적어 문장

8-3	you live for	8-2 가인칭 'it'의 의미상의 주어인 문장에 해당하며 'me'를 덧붙여 설명한다고 볼 수 있다. 관계대명사 'that'이 생략되었다.
9 Fp33	You know	
9-1	that when you are holding you	9번 문장 know의 목적절
10 At	You are right	right를 덧붙여 설명하는 문장이 10-1문장 이다.
10-1	where you belong	원래는 'belong to'라고 써야 맞지만 belong to의 목적어가 바로 'where'이다. 그러나 'where'는 이미 'to'가 포함된 의미의 장소대명사이므로 'to'를 생략하였다.
11 Dw(Dw-At)	I can't help but smile with wonder	전체적으로는 이 문장의 보충적 조건에 해당하는 문장이 바로 11-3 문장이다.
11-1	when you tell me all	11번 문장에 대한 상황적 설명이다.
11-2	I've done for you	11-1 tell의 직접목적어 문장
11-3	cause I've known all along	11번 문장에 대한 이유를 설명

- Fp33(Five Pattern 3형식 3번째 자리) ; 3형식 목적어 자리에 문장이 왔다. (목적절)
- Fp33-At(Five Pattern 3형식 3번째 자리 – Attached) ; 3형식 목적어 자리에 문장이 왔고 그 목적절에 있는 단어에 대해 추가로 설명이 있는 문장이 왔다.
- Fp23(Five Pattern 2형식 3번째 자리) ; 2형식 보어 자리에 문장이 왔다. (보어절)
- At (Attatched형) ; 어떤 단어를 뒤에서 설명하는 문장(관계대명사)
- Dw-Fp33(Do-while – Five Pattern 3형식 3번째 자리) ; 결론의 문장이 먼저 오고 그 뒤에 그 결론에 해당하는 어떤 조건이나 상황의 문장이 왔는데 그 문장이 3형식이고 목적어 자리에 문장이 들어있다. (목적절)

- Dw(Dw-At)(Do-while(Do-while – Attached) – Do-while형) 전체적으로 결론이 먼저 오고 나중에 그 문장에 대한 조건이 왔다. (I can't ~~, cause ~~~) 그런데 앞의 문장에 대한 조건이 또 있다. (when you ….) 그런데 이 문장이 4형식이며 직접목적어(all)에 대한 설명을 하기 위해 관계대명사로 연결하는('that'이지만 실제로는 생략되었다.) 또 하나의 문장(I've done for you)이 왔다.

2.10.B-5 Pattern의 순서로 분리

no	S	V	C or O	O or C	P
1	*You*	*believe*	*1-1*		3
1-1	*I*	*have changed*	*your life*	-forever	3
2	-And *you*	*are never going*	-to find	-somebody -like me	1
3	-And *you*	*wish*	*3-1*		3
3-1	*you*	*had*	*more*	-than -just -a life time -to give back -all (3-2)	3
3-2	*I*	*have given*	*you*	(all)	4
4	-And *that*	*is*	*4-1*		2
4-1	*what you*	*believe*			3
5	-But *I*	*owe*	*you*	*sunlight* -in the morning the nights	4

				-of all this loving	
5-1	-that time	can't take away	(the nights of all this loving)		3
6	-And I	owe	you	more -than life -that more than ever	4
7	I	know			3
7-1	-that it	is	the sweetest debt		2
7-2	I	-ever have	to pay		3
8	I	am amazed			1
8-1	-when you	say	8-2		3
8-2	it	is	me(8-3)		2
8-3	you	live for	8-2		3
9	You	know	that		3
9-1	-when I	am holding	You		3
10	You	are	right(10-1)		2

10 -1	-where *you*	*belong*			3
11	-and, my love *I*	*can't help*	-but *smile*	-with wonder	3
11 -1	-when *you*	*tell*	*me*	*all(11-2)*	4
11 -2	*I*	*have done*	*(all)*	-for you	3
11 -3	-cause *I*	*have known*	*all*	-along	3

2.10.C. 주요 문장 분석

- You wish you had more than just a life time a give back all I've given you.

  직역 - 나는 당신에게 이제까지 주고 있는 모든 것들을 돌려받기 위해 삶의 시간보다 더 많은 것을 가졌기를 바랍니다.

  의역 - 내가 당신에게 해준 모든 것들을 돌려받기 위해 삶의 시간보다 더 많은 시간을 가지기를 간절히 바랍니다.

'wish' 다음에 문장이 오는 경우가 많은데 이 문장은 대부분 과거의 시제를 취한다. 명백하게 미래가 아니면 이미 과거에 이루어진 상태에 있기를 바라는 마음으로 이렇게 표현하는 것 같다. 예를 들면

I wish that you have much money. 라고 하면 현재 돈이 없기 때문에 앞으로 돈이 많이 생기길 바란다는 의미가 되므로 자칫 상대가 돈이 많다면 기분이 상할 수도 있다. 그럴 때는

I wish that you had much money. 가 좋다.

이미 돈이 많은 상태였기를 바랍니다.

그러나 현재가 아닌 명백한 미래라면 현재형을 사용한다. 조건 문장에서는 현재의 시제가 미래를 대체한다. 즉

I wish that you pass the test for driver license. 네가 운전면허시험에 통과하기를 진짜로 바래.

(*wish 다음에 문장이 올 경우 대개 관계대명사 'that'은 생략해도 좋다.)

'wish'는 'want'보다 더 강력한 희망일 때 사용한다. 그러니까

'I want you to merry Christmas' 보다

'I wish you merry Christmas'가 더 좋은 강력한 의미가 된다.

(* 'wish' 다음에 오는 wish가 사역동사이므로 'to 부정사'에서는 'to'를 생략한다.)

- I am amazed when you say it is me you live for.

  의역 – 나는 당신이 사는 이유가 나 때문이라고 말했을 때 놀랐습니다.

  원래 이 문장은
  I am amazed when you say that it is me that you live for.
  라고 생략된 관계대명사를 복원하면 뜻이 명확해진다.
  'that it is me'는 say의 목적어 문장이다.
  그리고 'that you live for (me)'는 'me'를 설명하는 말이다.
  'I live for you'는 나는 너 때문에 산다.
  여기서 live는 자동사이므로 목적어가 올 수 없다. 그러나 전치사가 오게 되면 타동사의 의미로 바뀌게 된다. 보통 문법에서는 'live for'를 타동사로 하지 않고 'you'가 전치사 'for'의 목적어라고 말한다. 즉 전치사의 목적어라는 것이다.
  하지만 필자는 'live for'를 숙어처럼 하나의 동사라고 간주하는 것이 좋다고 본다. 모든 숙어는 사실 동사의 의미이다. 숙어는 ('동사+전치사' or 'be+과거분사+전치사')의 형태를 취하고 있다. 그러므로 항상 목적어가 올 수 밖에 없다. 우리말의 입장에서는 이러한 숙어는 하나의 동사로 인식하고 공부하는 것이 편하고 전치사까지 기억하는 것이 사용하기에도 좋다. 즉 '~ 때문에 산다'의 의미로 사용하는 것이 좋다는 의미이다. 그래야 나중에 어떤 전치사가 오는지 혼동되지 않는다.

- I can't help but smile with wonder when you tell me all I've done for you cause I've known all along.

  직역 – 나는 경탄과 함께 웃는 것 빼놓고는 도울 수가 없어요. 당신이 내가 당신께 해준 모든 것을 말했을 때, 왜냐하면 나도 그 모든 것을 쭉 따라서 알고 있는 상태니까요.

  의역 – 나는 당신이 내가 당신께 해준 모든 것을 하나도 빼지 않고 말했을 때 경탄의 미소를 짓지 않을 수가 없었어요, 왜냐하면 나도 그 모든 것을 다 알고 있으니까요. (* 사랑하는 상대가 내가 해준 모든 것을 하나도 빼놓지 않고 이야기하므로 놀랐고 그 이유는 나도 그 모든 것들을 하나도 잊지 않고 기억하기 때문이다.)
'but smile'에서 but 다음에 문장이 오지 않고 단어가 왔으므로 명백히 접속사가 아니다. 접속사가 아닐 때는 부사의 의미로 사용된다. '~을 제외하고' 예를 들면
Everybody likes me but you. - 너 빼고는 모두 날 좋아해.

'wonder'는 동사일 때 '걱정하다'의 의미지만 여기서는 전치사 'with' 다음에 왔으므로 명백히 동사가 아니고 명사이다. 전치사 다음에는 명사나 목적격이 와야 한다. 'wonder'의 명사는 '경탄'의 뜻이 있다.

2.11 Perhaps love

대중음악 가수인 John Denver와 세계적인 성악가인 Placido Domingo가 1981년 함께 불러 발표한 세계적으로 히트한 명곡이다.
당시에는 대중음악 가수와 성악가가 collaboration한 경우가 많지 않았다.
Domingo는 나중에 이 곡의 히트 때문에 자기가 출연하는 오페라의 흥행에 상당히 영양을 끼쳤다고 고백했다.
스페인 출신인 Domingo는 멕시코 국립음악원을 졸업한 세계적으로 명성을 얻은 테너가수이며 Luciano Pavarotti, Jose Carelas와 함께 빅 3 테너로 불린다.
당시 미국에서 음반을 낸 적이 한번도 없는 Domingo는 처음에는 상당히 망설였다고 한다. 그런데 John Denver가 작곡한 이 곡을 보고 마음에 들었던 John과 절친인 프로듀서 Milton Okun이 강력하게 권유하였고
그를 믿고 음반 작업을 하게 되고 미국에서 큰 성공을 얻게 되었다.
이러한 클래식과 대중음악의 협업을 Crossover라고 하는데
이 Crossover 음반인 'Perhaps Love'가 백만장이 넘게 팔리면서
'Gold Record' 명예를 얻었고 Platinum 타이틀도 갖게 되었다.
가사에서 보듯이 매우 서정적이고 아름다운 사랑에 대해서 노래하고 있다.
John과 Placido는 서로 주거니 받거니 사랑에 대해 정의하고 토론하며 대화를 나누고 있다. 그러면서 결국엔 서로 잘 모르겠다고 솔직하게 말한다.
이 곡을 멋지게 부르려면 보다 클래식하게 부르는 것이 좋다.
즉 성악처럼 입을 크게 벌리고 정확하게 발음을 하며 가급적이면 배에 힘을 주고 목소리보다 배에서 나오는 힘이 넘치는 성량이 필요하다.
자세도 똑바로 앉고 턱을 당긴 상태에서 정확하게 한 음, 한 음을 내야 된다.
대중음악을 흉내 내듯이 음을 의도적으로 끌어올리거나 내려서도 안되고 바이브레이션을 주어서도 안되고 그저 정확하게 음을 내고 부르는 깃이 훨씬 듣기에 좋다.
노래를 잘 부르려면 긴 영어 가사를 외우는 것이 좋다.

2.11.A 한글 부분

Perhaps love
(아마도 사랑은)

아마도 사랑은 안식처나 폭풍의 대피소 같은 것입니다
사랑은 당신에게 평안을 주기 위해 존재합니다
당신을 따뜻하게 유지해주는 곳이기도 합니다
그리고 곤란을 겪는 그런 시기에 당신이 가장 외로울 때
사랑의 추억은 당신에게 집을 가져다 줄 것입니다
아마도 사랑은 창문, 어쩌면 열린 창문과도 같습니다
사랑은 가까이 오라고 당신을 초대합니다
사랑은 당신에게 더 많은 것을 보여주려 합니다
그리고 비록 당신이 당신 자신을 잃고 무엇을 해야 할지 모른다 할지라도
사랑의 추억은 당신을 꿰뚫어 볼 것입니다
오, 어떤 사람들에게는 사랑은 구름과 같습니다
어떤 사람들에게는 강철만큼 강하기도 하고
어떤 사람들을 위해서는 삶의 방식이며
어떤 사람들을 위해서는 느끼는 방식이며
어떤 사람들은 말합니다 사랑은 붙잡는 거라고
어떤 사람들은 말합니다 사랑은 가게 하는 거라고
어떤 사람들은 말합니다 사랑은 모든 거라고
어떤 사람들은 말합니다 그들도 모르겠다고
아마도 사랑은 갈등과 아픔으로 가득한 대양과도 같습니다
밖이 추울 때 불과 같고, 비가 올 때 천둥과 같습니다
만일 영원히 삶을 살 수 있다면
그리고 모든 나의 꿈들이 이루어진다면
사랑에 대한 나의 추억은 바로 당신 때문에 존재할 것입니다

2.11.A-1 영작 1단계 – 문장 찾기와 여러 개로 구분하기

1	아마도 사랑은 안식처나 폭풍의 대피소 같은 것입니다
2	사랑은 당신에게 평안을 주기 위해 존재합니다
3	당신을 따뜻하게 유지해주는 곳이기도 합니다
4	그리고 곤란을 겪는 그런 시기에 당신이 가장 외로울 때
4-1	사랑의 추억은 당신에게 짐을 가져다 줄 것입니다
5	아마도 사랑은 창문, 어쩌면 열려진 창문과도 같습니다
6	사랑은 가까이 오라고 당신을 초대합니다
7	사랑은 당신에게 더 많은 것을 보여주려 합니다
8	그리고 비록 당신이 당신 자신을 잃고
8-1	무엇을 해야 할지 모른다 할지라도
8-2	사랑의 추억은 당신이 통하게 해줄 것입니다
9	오, 어떤 사람들에게는 사랑은 구름과 같습니다
9-1	어떤 사람들에게는 강철만큼 강하기도 하고
9-2	어떤 사람들을 위해서는 삶의 방식이며
9-3	어떤 사람들을 위해서는 느끼는 방식이며
9-4	어떤 사람들은 말합니다
9-41	사랑은 붙잡는 거라고
9-5	어떤 사람들은 말합니다
9-51	사랑은 가게 하는 거라고
9-6	어떤 사람들은 말합니다
9-61	사랑은 모든 거라고
9-7	어떤 사람들은 말합니다
9-71	그들도 모르겠다고
10	아마도 사랑은 갈등과 아픔으로 가득한 대양과도 같습니다

	불과 같고 (10-1), 천둥과 같고(10-2)
10-1	밖이 추울 때
10-2	비가 올 때
11	만일 영원히 삶을 살 수 있다면
11-1	그리고 모든 나의 꿈들이 이루어진다면
12	사랑에 대한 나의 추억은 바로 당신 때문에 존재할 것입니다

2.11.A-2 영작 2단계 - 주어, 동사 찾기와 동사의 시제 결정하기

1	아마도 사랑은 안식처나 폭풍의 대피소 같은 것입니다	현재
2	사랑은 당신에게 평안을 주기 위해 존재합니다	현재
3	당신을 따뜻하게 유지해주는 곳이기도 합니다	현재
4	그리고 곤란을 겪는 그런 시기에 당신이 가장 외로울 때	현재
4-1	사랑의 추억은 당신에게 집을 가져다 줄 것입니다	미래
5	아마도 사랑은 창문, 어쩌면 열려진 창문과도 같습니다	현재
6	사랑은 가까이 오라고 당신을 초대합니다	현재
7	사랑은 당신에게 더 많은 것을 보여주려 합니다	현재
8	그리고 비록 당신이 당신 자신을 잃고	현재
8-1	무엇을 해야 할지 모른다 할지라도	현재
8-2	사랑의 추억은 당신이 통하게 해 줄 것입니다	미래
9	오, 어떤 사람들에게는 사랑은 구름과 같습니다	현재
9-1	어떤 사람들에게는 강철만큼 강하기도 하고	현재
9-2	어떤 사람들을 위해서는 삶의 방식이며	현재

9-3	어떤 사람들을 위해서는 느끼는 방식이며	현재
9-4	어떤 사람들은 말합니다	현재
9-41	사랑은 붙잡는 거라고	현재진행
9-5	어떤 사람들은 말합니다	현재
9-51	사랑은 가게 하는 거라고	현재진행
9-6	어떤 사람들은 말합니다	현재
9-61	사랑은 모든 거라고	현재
9-7	어떤 사람들은 말합니다	현재
9-71	그들도 모르겠다고	현재
10	아마도 사랑은 갈등과 아픔으로 가득한 대양과도 같습니다 불과 같고 (10-1), 천둥과 같고(10-2)	현재
10-1	밖이 추울 때	현재
10-2	비가 올 때	현재
11	만일 영원히 삶을 살 수 있다면	가정법미래
11-1	그리고 모든 나의 꿈들이 이루어진다면	가정법미래
12	사랑에 대한 나의 추억은 바로 당신 때문에 존재할 것입니다	미래

2.11.A-3 영작 3단계 – 문장의 형식 결정

1	아마도 사랑은 안식처나 폭풍의 대피소 같은 것입니다	P2
2	사랑은 당신에게 평안을 주기 위해 존재합니	P1
3	당신을 따뜻하게 유지해주는 곳이기도 합니다	P1
4	그리고 곤란을 겪는 그런 시기에 당신이 가장 외로울 때	P2

4-1	사랑의 추억은 당신에게 집을 가져다 줄 것입니다	P4
5	아마도 사랑은 창문, 어쩌면 열려진 창문과도 같습니다	P2
6	사랑은 가까이 오라고 당신을 초대합니다	P5
7	사랑은 당신에게 더 많은 것을 보여주려 합니다	P3
8	그리고 비록 당신이 당신 자신을 잃고	P3
8-1	무엇을 해야 할지 모른다 할지라도	P3
8-2	사랑의 추억은 당신이 통하게 해 줄 것입니다	P5
9	오, 어떤 사람들에게는 사랑은 구름과 같습니다	P2
9-1	어떤 사람들에게는 강철만큼 강하기도 하고	P2
9-2	어떤 사람들을 위해서는 삶의 방식이며	P2
9-3	어떤 사람들을 위해서는 느끼는 방식이며	P2
9-4	어떤 사람들은 말합니다	P3
9-41	사랑은 붙잡는 거라고	P1
9-5	어떤 사람들은 말합니다	P3
9-51	사랑은 가게 하는 거라고	P3
9-6	어떤 사람들은 말합니다	P3
9-61	사랑은 모든 거라고	P2
9-7	어떤 사람들은 말합니다	P3
9-71	그들도 모르겠다고	P3
10	아마도 사랑은 갈등과 아픔으로 가득한 대양과도 같습니다 불과 같고 (10-1), 천둥과 같고(10-2)	P2
10-1	밖이 추울 때	P2
10-2	비가 올 때	P1
11	만일 영원히 삶을 살 수 있다면	P1

11-1	그리고 모든 나의 꿈들이 이루어진다면	P2
12	사랑에 대한 나의 추억은 바로 당신 때문에 존재할 것입니다	P1

2.11.A-4 영작 4단계 - 영어의 Pattern 순서로 위치 변경하기

no	S	V	C or O	O or C	P
1	-아마도 사랑은	입니다	-같은 안식처, 대피소	-폭풍우로부터	2
2	사랑은	존재합니다	-주기 위해	-당신에게 -안락함을	1
3	가인칭	입니다	-거기에	-유지하게 -당신이 -따뜻함을	1
4	-그리고 -곤란의 시간 속에 -때 당신이	입니다	가장 외로울		2
4-1	사랑의 추억은	가져다 줄 것입니다	당신에게	집을	4
5	-아마도 사랑은	입니다	-같은 창문, 열린 문		2
6	가인칭	초대합니다	당신을	오게 -가까이	5
7	가인칭	원합니다	보여주기를	-당신에게 -더 많이	3
8	-그리고 -만일 할지라도 당신이	잃는다	당신 자신을		3
8-1	(당신이)	모른다	무엇을 할 지		3

8-2	사랑의 추억은	볼 것입니다	당신이	통하게	5
9	사랑은 -어떤 이에게는	입니다	-같은 구름		2
9-1	(사랑은) -어떤 이에게는	입니다	강합니다	-강철처럼	2
9-2	(사랑은) -어떤 사람을 위해	입니다	삶의 방식		2
9-3	(사랑은) -어떤 사람을 위해	입니다	느끼는 방식		2
9-4	어떤 사람들은	말합니다	**9-41**		3
9-41	사랑은	붙잡고 있는			1
9-5	어떤 사람들은	말합니다	**9-51**		3
9-51	사랑은	하게 하는	가도록		3
9-6	어떤 사람들은	말합니다	**9-61**		3
9-61	사랑은	입니다	모든 것		2
9-7	어떤 사람들은	말합니다	**9-71**		3
9-71	그들도	모른다고	(사랑이)		3
10	사랑은	입니다	-같은 대서양과	-갈등으로 가득한 -고통으로 가득한	2

			-같은 불(10-1) 천둥(10-2)		
10-1	가인칭	입니다	춥습니다	-밖이	2
10-2	가인칭	비가 옵니다			1
11	-만일 당신이	인생을 산다면	-영원히		1
11-1	모든 꿈들이	이루어진다면			2
11-2	사랑의 추억은	존재할 것입니다	바로 당신 때문에		2

2.11.B 영어 부문

Perhaps love

Perhaps love is like a resting place, a shelter from the storm.
It exists to give you comfort.
It is there to keep you warm.
And in those times of trouble when you are most alone
the memory of love will bring you home.
Perhaps love is like a window, perhaps an open door.
It invites you to come closer.
It wants to show you more.
And even if you lose yourself,
and don't know what to do
the memory of love will see you through.
Oh, love to some is like a cloud
to some as strong as steel
for some a way of living, for some a way to feel
and some say love is holding on
and some say letting go
and some say love is everything
and some say they don't know.
Perhaps love is like the ocean, full of conflict, full of pain
like a fire when it's cold outside
thunder when it rains.
If I should live forever and all my dreams come true
my memories of love will be of you

(* 읽기 목표 시간 – 60초)

2.11.B-1 번역 1단계 - 문장 구분하기

1	Perhaps love is like a resting place, a shelter from the storm
2	It exists to give you comfort
3	It is there to keep you warm
4	And in those times of trouble when you are most alone
4-1	the memory of love will bring you home
5	Perhaps love is like a window, perhaps an open door
6	It invites you to come closer
7	It wants to show you more
8	And even if you lose yourself
8-1	and don't know what to do
8-2	the memory of love will see you through
9	Oh love to some is like a cloud
9-1	(love) to some (is) as strong as steel
9-2	(love) for some (is) a way of living
9-3	(love) for some (is) a way to feel
9-4	and some say
9-41	love is holding on
9-5	and some say
9-51	(love) is letting go
9-6	and some say
9-61	love is everything
9-7	some say
9-71	they don't know
10	Perhaps live is like the ocean, full of conflict, full of pain, like a fire(10-1), thunder (10-2)
10-1	when it is cold outside
10-2	when it rains
11	If I should live forever

11-1	and all my dreams come true
11-2	my memories of love will be of you

2.11.B-2 번역 2단계 - 주어, 동사 찾기와 동사의 시제 파악

1	Perhaps love is like a resting place, a shelter from the storm	현재
2	It exists to give you comfort	현재
3	It is there to keep you warm	현재
4	And in those times of trouble when you are most alone	현재
4-1	the memory of love will bring you home	미래
5	Perhaps love is like a window, perhaps an open door	현재
6	It invites you to come closer	현재
7	It wants to show you more	현재
8	And even if you lose yourself	현재
8-1	and don't know what to do	현재
8-2	the memory of love will see you through	미래
9	Oh love to some is like a cloud	현재
9-1	(love) to some (is) as strong as steel	현재
9-2	(love) for some (is) a way of living	현재
9-3	(love) for some (is) a way to feel	현재
9-4	and some say	현재
9-41	love is holding on	현재진행
9-5	and some say	현재
9-51	(love) is letting go	현재진행

9-6	and some say	현재
9-61	love is everything	현재
9-7	some say	현재
9-71	they don't know	현재
10	Perhaps live is like the ocean, full of conflict, full of pain, like a fire(10-1), thunder (10-2)	현재
10-1	when it is cold outside	현재
10-2	when it rains	현재
11	If I should live forever	단순미래
11-1	and all my dreams come true	단순미래
11-2	my memories of love will be of you	의지미래

2.11.B-3 번역 3단계 - 문장의 형식 파악

1	Perhaps love is like a resting place, a shelter from the storm	P2
2	It exists to give you comfort	P1
3	It is there to keep you warm	P1
4	And in those times of trouble when you are most alone	P2
4-1	the memory of love will bring you home	P4
5	Perhaps love is like a window, perhaps an open door	P2
6	It invites you to come closer	P5
7	It wants to show you more	P3
8	And even if you lose yourself	P3

8-1	and don't know what to do	P3
8-2	the memory of love will see you through	P5
9	Oh love to some is like a cloud	P2
9-1	(love) to some (is) as strong as steel	P2
9-2	(love) for some (is) a way of living	P2
9-3	(love) for some (is) a way to feel	P2
9-4	and some say	P3
9-41	love is holding on	P1
9-5	and some say	P3
9-51	(love) is letting go	P3
9-6	and some say	P3
9-61	love is everything	P2
9-7	some say	P3
9-71	they don't know	P3
10	Perhaps live is like the ocean, full of conflict, full of pain, like a fire(10-1), thunder (10-2)	P2
10-1	when it is cold outside	P2
10-2	when it rains	P1
11	If I should live forever	P1
11-1	and all my dreams come true	P2
11-2	my memories of love will be of you	P2

2.11.B-4 번역 4단계 - 복문장의 경우 문장과 문장과의 관계 파악

4 It	And in those times of trouble when you are most alone	
4-1	The memory of love will bring you home	4번 문장 조건에 따른 결과의 문장
8 It(Pr)	And even if you lose yourself	이 문장의 조건에 따른 결과로 8-1,8-2 2개의 문장이 왔다
8-1	tnd don't know what to do	8번 문장 조건의 1번째 결과의 문장
8-2	the memory of love will see you through	8번 문장 조건의 2번째 결과의 문장
9 9-1 9-2 9-3 9-4 9-5 9-6 9-7	Love to some is like a cloud to some as strong as steel for some a way of living for some a way to feel and some say (9-41) and some say (9-51) and some say (9-61) and some say (9-71)	노래의 운율에 맞추기 위해서 중간에 'and' 를 넣기도 하고 빼기도 하였지만 원래는 맨 마지막 문장 직전에 한번만 넣으면 된다.
9-41	love is holding on	9-4 문장의 목적절
9-51	(love is)letting go	9-5 문장의 목적절
9-61	love is everything	9-6 문장의 목적절
9-71	they don't know	9-7 문장의 목적절
10 At-At	Perhaps love is like the ocean, full of conflict, full of pain, like a fire(10-1), thunder (10-2)	
10-1	when it is cold outside	10번 문장 a fire를 설명
10-2	when it rains	10번 문장 thunder를 설명

11 It(Pr)	If I should live forever	이 문장 조건이 **11-1**과 함께 **2개**가 있다.
11-1	and all my dreams come true	11번 문장에 연이은 2번째 조건 문장
11-2	my memories of love will be of you	11,11-1 문장의 조건에 따른 결과의 문장

- **It(If-then형)**; 조건이 먼저 나오고 뒤에 그 조건에 따른 결과의 문장이 왔다.
- **It(Pr) (If-then+Process형)** ; 조건 문장이 **2개**가 있고 뒤에 결과의 문장이 **1개** 왔다.
- **Pr x 7 - Fp33 x 4 (Process형 7개 - Five Pattern 3형식 3번째 자리 x 4개)** ; 최초의 문장 이후 같은 성격의 문장 **7개**가 연이어 있고 중간 중간에 3형식 목적어 자리에 문장이 **4개**가 포함되어 있다.
- **At (Attatched형)** ; 어떤 단어를 뒤에서 설명하는 문장(관계대명사)

2.11.B-5 Pattern의 순서로 분리

no	S	V	C or O	O or C	P
1	-Perhaps **Love**	**is**	-like **a resting place** **a shelter**	-from the storm	2
2	**It**	**exists**	-to give	-you -comfort	1
3	**It**	**is**	-there	-to keep -you -warm	1
4	-And -in those times -of trouble -when **you**	**are**	-most **alone**		2
4-1	**the memory of love**	**will bring**	**you**	**home**	4
5	-Perhaps **love**	**is**	-like **a window** **an open door**		2
6	**It**	**invites**	**you**	**to come** -close	5

7	It	wants	to show	-you -more	3
8	-And -even if you	lose	yourself		3
8-1	-and (you)	don't know	what to do		3
8-2	the memory of love	will see	you	through	5
9	Oh, love -to some	is	-like a cloud		2
9-1	(love) -to some	(is)	as **strong**	-as steel	2
9-2	(love) -for some	(is)	a way of living		2
9-3	(love) -for some	(is)	a way to feel		2
9-4	some	say	9-41		3
9-41	love	is holding on			1
9-5	some	say	9-51		3
9-51	(love)	(is) letting	go		3
9-6	some	say	9-61		3

9-61	*love*	*is*	*everything*		2
9-7	*some*	*say*	*9-71*		3
9-71	*they*	*don't know*			3
10	-Perhaps *love*	*is*	-like **the ocean** -like **a fire (10-1)**	-full of conflict -full of pain	2
10-1	-when *it*	*is*	cold	-outside	2
10-2	-when *it*	*rains*			1
11	-If *I*	*should live*	-forever		1
11-1	-and *all my dreams*	*come*	*true*		2
11-2	*my memories of love*	*will be*	*of you*		2

2.11.C. 주요 문장 분석

- And even if you lose yourself and don't know what to do, the memory of love will see you through.

  의역 - 당신은 당신 자신을 읽고 무엇을 해야 할 지 모른다 할지라도, 사랑의 추억은 당신이 통하게 해 줄 것입니다.

  전부 3개의 문장으로 구성되어 있고 'even though'에 속하는 문장이 2개가 연이어져 있고 2개의 문장에 따른 결과의 문장이 다음 문장이다.
  이처럼 'if' 문장이 현재형일 때 그 결과의 문장은 미래형 시제가 오는 것이 일반적이다. 이러한 가정법을 '가정법 현재'라고 한다. '가정법 현재'는 다가올 미래를 예상하고 가정하는 것이다. 그렇지만 'if' 문장은 현재형을 쓴다. 뒤에 나올 문장이 미래이다.
  영어에서 가정법에는 '과거완료', '과거', '현재', '미래' 이렇게 4개의 종류가 있다. 실상 '가정법 과거완료'와 '가정법 과거'는 완료형일 뿐 같은 시제로 보아야 한다. 같은 시제인데 그 상태가 지속되고 있는 가정이라면 '과거완료'이고 그렇지 않으면 '과거'이다.
  가정법 현재는 우리가 흔히 말하는 미래이고 가정법 미래는 '불가능한 미래'를 가정해서 말하는 것이다.
  (*필자의 저서 '영어가정법의 모든 것' 참조)

- If I should live forever and all my dreams come true, my memories of love will be of you.

  직역 - 만일 내가 영원히 살고 나의 모든 꿈들이 이루어진다면, 나의 사랑의 추억은 바로 당신의 존재가 될 것입니다.

  의역 - 만일 내가 영원히 살 수 있고 나의 모든 꿈들이 이루어 질 수 있다면, 나의 사랑의 추억은 바로 당신으로 인해 비롯될 것입니다.

'if 주어 + should + 원형동사'가 오는 형태가 바로 '가정법 미래'이다. 미래에도 이루어질 수 없는 불가능한 미래를 가정할 때 사용한다. 단 일반 동사일 때 이처럼 'should'를 사용하고 'be'동사일 때는 주어의 인칭에 상관 없이 'were'를 사용한다.

'If I were you, I would be a musician.
(내가 너라면 음악가가 되었을 거야.)
- '너'가 된다는 건 불가능한 가정이다.
If I were you, I would fly to you right now.'
(내가 너라면 난 즉시 너한테 날라갔을 거야.)
If I should sing again, I would want to sing the song again.
(내가 다시 노래를 부를 수 있게 된다면 나는 그 노래를 다시 부르고 싶어.)
- 노래를 다시 불가능하지 않아 보임에도 불구하고 화자가 이렇게 말하였다면 틀림없이 목을 다치게 되어 복구가 불능인 상태임을 알 수 있다.

가정법의 미래에서 가장 중요한 점은.....
다가올 미래에 대하여 가정해서 말할 때 가능한 가정은 '가정법 현재'를 사용하고
불가능한 미래에 대하여 가정해서 말할 때는 '가정법 미래'를 사용한다.
불가능한 미래 즉 '가정법 미래'를 표현할 때는
If + 주어 + should + 원형동사 - 일반동사의 경우
If + 주어 + were - be동사의 경우는 인칭에 상관없이 무조건 'were'를 사용
그 결과의 문장은 다는 아니지만 대개 '주어 + would + 원형동사'가 오는 경우가 많다.

2.12 You needed me

Canada 출신 Anne Murray가 1978에 발표한 곡으로 그녀가 세계적으로 명성을 얻는데 결정적인 역할을 한 곡이다. 이 곡은 캐나다 출신으로 미국에서 최초로 성공한 뮤지션이 되었다. 이 곡은 빌보드 차트 1위를 차지하였고 결국 그녀는 1999년 그래미상을 수상했다. 전 세계의 많은 가수들이 이 곡을 리메이크하여 불렀고 그럴 때마다 그 나라에서 큰 인기를 얻었다. 영국에서는 Irish Band인 Boyzone이 리메이크하여 영국 차트 1위를 얻기도 했다. Anne Murray는 원래 고등학교 교사를 하면서 가스펠을 부르는 가수로 이미 명성을 얻고 있었다. 데뷔를 한 것도 가스펠 가수였으며 사실 그녀는 지금도 자기는 가스펠 가수로 불리기를 좋아한다. 실제로도 그녀가 부른 모든 노래들은 일반 대중음악처럼 보이지만 하나님을 찬양하고 복음을 목적으로 한다. 그래서 가사를 살펴보면 사랑하는 연인을 노래하는 것처럼 보이는데 가만히 보면 하나님을 의미한다. 물론 이 노래도 그렇다.
Anne Murray는 타고난 미성의 목소리를 갖고 있다. 부드러우며 음정이 정확하고 성량이 풍부하다. 보통의 여자들보다 약간 낮은 톤으로 부르는데 어떤 기교나 장식 없이 바이브레이션조차 거의 하지 않고 깔끔하게 노래를 부른다.
특히 이 노래는 매우 편안하고 쉽게 들리지만 부르기엔 상당히 어려운 곡이다. 아마추어가 소화하기가 매우 힘든 곡으로 곡 부르고 싶다면 최소 100번 이상 반복해서 불러야 그 느낌을 알 수 있고 표현할 수 있다.
대중음악이면서도 가스펠인 이 곡은 대중음악적인 리듬이 덜하다. 그냥 잔잔하게 **4 beat**로 강약을 주지 않고 연주하고 부르는 것이 좋다.
코드 진행도 쉬운 편이 아니고 특히 베이스를 잘 포함하고 진행을 잘 하여야 노래의 느낌을 잘 살릴 수 있다. 그리고 기교보다는 정확한 음정과 부드러운 목소리로 노래를 해야 한다. 음 하나 하나에 신경을 쓰고 정성을 다해서 불러야 하므로 이 노래를 잘 부르고 싶다면 좋은 반주자가 필요하다.

2.12.A 한글 부분

You needed me
(당신은 나를 필요로 하셨군요)

눈물 흘리면 당신이 닦아주었지요
마음이 혼란스러울 때는 당신이 깨끗하게 해주었지요
내가 영혼을 팔았을 때 당신이 사서 나에게 되돌려 주었고
날 잡아주고 귀중함을 주었죠
하여튼 당신은 내가 필요했지요.
당신은 내게 다시 홀로 설 수 있는 힘을 주었고
나만의 힘으로 세상과 맞설 수 있게 해주었죠
나를 높은 위치에 올려 놓았지요
너무 높아서 영원까지 볼 수 있도록 말이지요.
당신은 내가 필요했지요.
바로 당신이라는 것을 믿을 수 없어요
이 것이 사실이라는 것도 믿을 수 없어요.
당신이 필요했고 당신은 거기에 있었죠
나는 결코 떠나지 않을 거에요
왜 내가 떠나야 한다는 거죠?
내가 바보인가요
드디어 진정으로 나를 위해 줄 그런 사람을 찾았잖아요
내가 추울 때 당신은 내 손을 잡아 주었고
길을 잃으면 날 집으로 데려다 주었지요
끝에 다다랐을 땐 내게 희망을 주었고
너의 거짓된 것들도 다시 진실로 바꾸어 놓았지요
날 친구라고 부르면서 말이지요

2.12.A-1 영작 1단계 – 문장 찾기와 여러 개로 구분하기

1	내가 눈물을 흘리면
1-1	당신이 닦아주었지요
2	마음이 혼란스러우면
2-1	당신이 내 마음을 깨끗하게 해주었지요
3	내가 영혼을 팔았을 때
3-1	당신이 사서 나에게 되돌려 주었고
3-2	나를 잡아주고
3-3	귀중함을 주었지요
4	하여튼 당신은 내가 필요했지요
5	당신은 나만의 힘으로 다시 홀로 설 수 있는 힘을 주었고 나만의 힘으로 세상과 맞설 수 있도록 해주었어요
6	나를 높은 위치에 올려 놓았지요
6-1	거의 영원까지 볼 수 있도록 말이지요
7	당신은 내가 필요했지요
8	믿을 수가 없어요
8-1	바로 당신이라는 것을
9	믿을 수가 없어요
9-1	이 것이 사실이라는 것을
10	나는 당신이 필요했고
10-1	당신은 거기에 있었죠
11	나는 결코 떠나지 않을 거에요
12	왜 내가 떠나야 한다는 거죠?
13	내가 바보인가요
13-1	드디어 그런 사람을 찾았잖아요

13-2	나를 진정으로 위해 줄
14	당신은 내 손을 잡아주었고
14-1	추울 때
15	길을 잃을 때
15-1	나를 집에 데려다 주었죠
16	당신은 내게 희망을 주었지요
16-1	끝에 다다랐을 때
16-2	그리고 나의 거짓을 진실로 다시 바꾸어 놓았지요
17	당신은 심지어 나를 친구라 불렀죠

2.12.A-2 영작 2단계 - 주어, 동사 찾기와 동사의 시제 결정하기

1	내가 눈물을 흘리면	과거
1-1	당신이 닦아주었지요	과거
2	마음이 혼란스러우면	과거
2-1	당신이 내 마음을 깨끗하게 해주었지요	과거
3	내가 영혼을 팔았을 때	과거
3-1	당신이 사서 나에게 되돌려 주었고	과거
3-2	나를 잡아주고	과거
3-3	귀중함을 주었지요	과거
4	하여튼 당신은 내가 필요했지요	과거
5	당신은 나만의 힘으로 다시 홀로 설 수 있는 힘을 주었고 나만의 힘으로 세상과 맞설 수 있도록 해주었어요	과거
6	나를 높은 위치에 올려 놓았지요	과거

6-1	거의 영원까지 볼 수 있도록 말이지요	과거
7	당신은 내가 필요했지요	과거
8	믿을 수가 없어요	현재
8-1	바로 당신이라는 것을	현재
9	믿을 수가 없어요	현재
9-1	이 것이 사실이라는 것을	현재
10	나는 당신이 필요했고	과거
10-1	당신은 거기에 있었죠	과거
11	나는 결코 떠나지 않을 거에요	미래
12	왜 내가 떠나야 한다는 거죠?	현재
13	내가 바보인가요	가정법과거
13-1	드디어 그런 사람을 찾았잖아요	현재완료
13-2	나를 진정으로 위해 줄	현재
14	당신은 내 손을 잡아주었고	과거
14-1	추울 때	과거
15	길을 잃을 때	과거
15-1	나를 집에 데려다 주었죠	과거
16	당신은 내게 희망을 주었지요	과거
16-1	끝에 다다랐을 때	과거
16-2	그리고 나의 거짓을 진실로 다시 바꾸어 놓았지요	과거
17	당신은 심지어 나를 친구라 불렀죠	과거

2.12.A-3 영작 3단계 – 문장의 형식 결정

1	내가 눈물을 흘리면	P3
1-1	당신이 닦아주었지요	P5
2	마음이 혼란스러우면	P1
2-1	당신이 내 마음을 깨끗하게 해주었지요	P3
3	내가 영혼을 팔았을 때	P3
3-1	당신이 사서 나에게 되돌려 주었고	P5
3-2	나를 잡아주고	P3
3-3	귀중함을 주었지요	P4
4	하여튼 당신은 내가 필요했지요	P3
5	당신은 나만의 힘으로 다시 홀로 설 수 있는 힘을 주었고 나만의 힘으로 세상과 맞설 수 있도록 해주었어요	P4
6	나를 높은 위치에 올려 놓았지요	P5
6-1	거의 영원까지 볼 수 있도록 말이지요	P3
7	당신은 내가 필요했지요	P3
8	믿을 수가 없어요	P3
8-1	바로 당신이라는 것을	P2
9	믿을 수가 없어요	P3
9-1	이 것이 사실이라는 것을	P2
10	나는 당신이 필요했고	P3
10-1	당신은 거기에 있었죠	P1
11	나는 결코 떠나지 않을 거에요	P1
12	왜 내가 떠나야 한다는 거죠?	P1
13	내가 바보인가요	P2
13-1	드디어 그런 사람을 찾았잖이요	P3

13-1	나를 진정으로 위해 줄	P3
14	당신은 내 손을 잡아주었고	P3
14-1	추울 때	P2
15	길을 잃을 때	P1
15-1	나를 집에 데려다 주었죠	P4
16	당신은 내게 희망을 주었지요	P4
16-1	끝에 다다랐을 때	P1
16-2	그리고 나의 거짓을 진실로 다시 바꾸어 놓았지요	P5
17	당신은 심지어 나를 친구라 불렀죠	P5

2.12.A-4 영작 4 단계 - 영어의 Pattern 순서로 위치 변경하기

no	S	V	C or O	O or C	P
1	나는	울었습니다.	눈물을		3
1-1	당신은	닦았습니다.	가목적(눈물을)	마르게	5
2	나는	혼란스러웠습니다			1
2-1	당신은	깨끗이 했습니다	나의 마음을		3
3	나는	팔았습니다.	나의 영혼을		3
3-1	당신은	샀습니다	가목적(영혼을)	되돌리도록 -나를 위해	5
3-2	(당신은)	잡았습니다	나를		3
3-3	(당신은)	주었습니다	나에게	귀중함을	4
4	-하여튼 당신은	필요했지요	나를		3
5	당신은	주었습니다	나에게	강인함을 -서기 위해 -나홀로 -다시 -맞설 수 있게 -세상과 -나의 힘으로 -다시	4
6	당신은	올렸습니다	나를	높이 -받침대 위에 -너무 높게	5
6-1		-거의			

241

		내가	볼 수 있도록	영혼을		3
7		당신은	필요했습니다	나를		3
8		나는	믿을 수 없습니다	8-1		3
8-1		가인칭	입니다	당신이		2
9		나는	믿을 수 없습니다	9-1		3
9-1		가인칭	입니다	진실		2
10		나는	필요했지요	당신을		3
10-1		당신은	있었습니다	-거기에		1
11	-그리고 나는		결코 떠나지 않을 것입니다			1
12	-왜 내가		떠나야 하지요			1
13		내가	인가요	바보		2
13-1	-니까요 내가		-결국은 찾았잖아요	어떤 사람을 (13-2)		3
13-2		누군가(어떤 사람)	-진정으로 돌보는	(나를)		3
14		당신은	잡았지요	나의 손을		3
14-1	-때 가인칭		였습니다	춤습니다		2
15	-때 나는		잃었습니다			1

15-1	당신은	데려왔습니다	나를	집으로	4
16	당신은	주었습니다	나에게	희망을	4
16-1	-때 내가	있을	-끝에		1
16-2	-그리고 (당신은)	돌려놓았습니다	나의 거짓말을	되돌려 -진실 쪽으로 -다시	5
17	당신	-심지어는 불렀습니다	나를	친구라고	5

2.12.B 영어 부문

You needed me

I cried a tear, you wiped it dry
I was confused, you cleared my mind
I sold my soul, you bought it back for me
and held me up and gave me dignity
Somehow you needed me
You gave me strength to stand alone again,
to face the world out on my own again.
You put me high upon a pedestal
so high that I could almost see eternity
You needed me
And I can't believe it's you.
I can't believe it's true
I needed you, and you were there.
And I'll never leave. Why should I leave?
I'd be a fool cause I've finally found someone
who really cares
You held my hand when it was cold.
When I was lost, you took me home.
You gave me hope when I was at the end
and turned my lies back into truth again.
You even called me friend.
You needed me.

(* 읽기 목표 시간 – 60초)

2.12.B-1 번역 1단계 - 문장 구분하기

1	I cried tear
1-1	you wiped it dry
2	I was confused
2-1	you cleared my mind
3	I sold my soul
3-1	you bought it back for me
3-2	and held me up
3-3	and gave me dignity
4	Somehow you needed me
5	You gave me strength to stand alone again to face the world out on my own again
6	You put me high upon a pedestal so high
6-1	that I could almost see eternity
7	You needed me
8	And I can't believe
8-1	it is you
9	I can't believe
9-1	it is true
10	I needed you
10-1	you were there
11	And I'll never leave
12	Why should I leave?
13	I'd be a fool
13-1	cause I've finally found someone
13-2	who really cares
14	You held my hand
14-1	when it was cold
15	When I was lost

15-1	you took me home
16	You gave me hope
16-1	when I was at the end
16-2	and turned my lies back into truth again
17	You even called me friend

2.12.B-2 번역 2단계 - 주어, 동사 찾기와 동사의 시제 파악

1	I cried tear	과거
1-1	you wiped it dry	과거
2	I was confused	과거
2-1	you cleared my mind	과거
3	I sold my soul	과거
3-1	you bought it back for me	과거
3-2	and held me up	과거
3-3	and gave me dignity	과거
4	Somehow you needed me	과거
5	You gave me strength to stand alone again to face the world out on my own again	과거
6	You put me high upon a pedestal so high	과거
6-1	that I could almost see eternity	과거
7	You needed me	과거
8	And I can't believe	현재
8-1	it is you	현재
9	I can't believe	현재
9-1	it is true	현재
10	I needed you	과거
10-1	you were there	과거

11	And I'll never leave	미래
12	Why should I leave?	가정법과거
13	I'd be a fool	가정법과거
13-1	cause I've finally found someone	현재완료
13-2	who really cares	현재
14	You held my hand	과거
14-1	when it was cold	과거
15	When I was lost	과거
15-1	you took me home	과거
16	You gave me hope	과거
16-1	when I was at the end	과거
16-2	and turned my lies back into truth again	과거
17	You even called me friend	과거

2.12.B-3 번역 3단계 - 문장의 형식 파악

1	I cried tear	P3
1-1	you wiped it dry	P5
2	I was confused	P1
2-1	you cleared my mind	P3
3	I sold my soul	P3
3-1	you bought it back for me	P5
3-2	and held me up	P3
3-3	and gave me dignity	P4
4	Somehow you needed me	P3
5	You gave me strength to stand alone again to face the world out on my own again	P4
6	You put me high upon a pedestal so high	P5

6-1	that I could almost see eternity	P3
7	You needed me	P3
8	And I can't believe	P3
8-1	it is you	P2
9	I can't believe	P3
9-1	it is true	P2
10	I needed you	P3
10-1	you were there	P1
11	And I'll never leave	P1
12	Why should I leave?	P1
13	I'd be a fool	P2
13-1	cause I've finally found someone	P3
13-2	who really cares	P3
14	You held my hand	P3
14-1	when it was cold	P2
15	When I was lost	P1
15-1	you took me home	P4
16	You gave me hope	P4
16-1	when I was at the end	P1
16-2	and turned my lies back into truth again	P5
17	You even called me friend	P5

2.12.B-4 번역 4단계 - 복문장의 경우 문장과 문장과의 관계 파악

1 Pr	I cried tear	
1-1	you wiped it dry	1번 문장에 연이은 시간의 흐름대로 나열
2 Pr	I was confused	
2-1	you cleared my mind	2번 문장에 연이은 시간의 흐름대로 나열
3 Pr-Pr-Pr	I sold my soul	전체적으로는 3번 문장의 결과로 3-1,2,3 문장이 차례로 온 것이다.
3-1	you bought it back for me	3번 문장의 결과로 왔고
3-2	and held me up	3-1 이후의 결과이며
3-3	and gave me dignity	3-2 이후의 결과이다
6 At	You put me high upon a pedestal so high	소위 이러한 문장 형태를 so ~ that 용법이라고 한다. 생각해보면 so 형용사를 that 이하 문장이 상세히 설명한다.
6-1	that I could almost see eternity	6번 문장 high를 설명하기 위해 붙여진 문장이다.
8 Fp33	And I can't believe	
8-1	it is you	8번 문장 believe의 목적절
10 Fp33	I can't believe	
10-1	it is true	10번 문장 believe의 목적절
13 Dw-At	I'd be a fool	전체적으로는 13번 문장에 대한 이유를 13-1이 설명하고 있고 13-1 문장에 있는 someon을 13-2에서 설명하고 있다.
13-1	cause I've finally found someone	13번 문장에 대한 이유를 설명한다.
13-2	who really cares	13-1 someone을 추가로 설명하고 있다.

		care의 주어는 who이고 결국 who는 someone을 의미한다. 즉 who의 의미상의 주어는 바로 앞에 있는 선행사 someone이다. 3인칭이므로 동사 cares에 's'를 붙였으며 목적어인 'me'는 생략되었다.
14 Dw	You held my hand	
14-1	when it was cold	14번 문장에 대한 조건을 뒤에서 설명
15 It	When I was lost	
15-1	you took me home	15번 문장에 대한 조건에 대한 결과를 설명하였다.
16 Pr(Dw)	You gave me hope	전체적으로는 16번의 문장과 대등한 또하나의 문장 16-2가 온 것이며 16문장에 대한 조건을 16-1에서 열거하고 있다. 그래서 Pr을 먼저 표시하였고 16-1은 16번 문장에 영향을 주고 있기 때문에 '-'을 하지 않고 '( )'를 사용했다.
16-1	when I was at the end	16번 문장에 대한 조건을 설명
16-2	and turn my lies back into truth again	16번 문장과 대등한 또 하나의 문장

- Pr(Process형) ; 발생한 시간의 순서대로 나열한 문장
- Pr-Pr-Pr(Process형 x 3개) ; 대등한 문장이 나란히 3개가 연이어 왔다
- At (Attatched형) ; 어떤 단어를 뒤에서 설명하는 문장(관계대명사)
- Fp33(Five Pattern 3형식 3번째 자리) ; 3형식 목적어 자리에 문장이 왔음 (목적절)
- Dw-At(Do-while - Attached) ; 결론이 먼저 나오고 뒤에서 그 결론을 위한 조건의 문장이 왔는데 그 조건의 문장 안에 있는 어떤 단어를 설명하기 위해 뒤에 덧붙여진 문장(관

계대명사를 이용한 문장)이 왔다.
- Dw(Do-While형) ; 결론을 먼저 말하고 뒤의 문장에서 보충적 설명하는 형태
- It(If-then형); 조건이 먼저 나오고 뒤에 그 조건에 따른 결과의 문장이 왔다.
- Pr-Dw(Process - Do-while) ; 대등하게 연이은 2개의 문장이 왔고 뒤의 문장에 어떤 조건이나 이유를 설명하는 문장이 덧붙여져 있다.

2.12.B-5 Pattern의 순서로 분리

no	S	V	C or O	O or C	P
1	*I*	*cried*	*a tear*		3
1-1	*you*	*wiped*	*it*	*dry*	5
2	*I*	*was confused*			1
2-1	*you*	*cleared*	*my mind*		3
3	*I*	*sold*	*my soul*		3
3-1	*you*	*bought*	*it*	*back* -for me	5
3-2	-and *(you)*	*held*	*me*	*up*	3
3-3	*(you)*	*gave*	*me*	*dignity*	4
4	-Somehow *you*	*needed*	*me*		3
5	*You*	*gave*	*me*	*strength* -to stand -alone -again -to face the world out -on my own -again	4
6	*You*	*put*	*me*	*high* -upon a	5

				pedestal -so high	
6-1	-that I -almost	could see	eternity		3
7	You	needed	me		3
8	-And I	can't believe	8-1		3
8-1	it	is	you		2
9	I	can't believe	9-1		3
9-1	it	is	true		2
10	I	needed	you		3
10-1	you	were	-there		1
11	-And I	will never leave			1
12	-Why should I	leave			1
13	I	would be	a fool		2
13-1	-cause I	have finally found	someone (13-1)		3

13-1	**who**	-really **cares**	**(me)**		3
14	**You**	**held**	**my hand**		3
14-1	-when **it**	**was**	**cold**		2
15	-When **I**	**was lost**			1
15-1	**You**	**took**	**me**	**home**	4
16	**You**	**gave**	**me**	**hope**	4
16-1	-when **I**	**was**	-at the end		1
16-2	**you**	**turned**	**my lies**	**back** -into truth -again	5
17	**You**	-even **called**	**me**	**friend**	5

2.12.C. 주요 문장 분석

- You put me high upon a pedestal so high that I could almost see eternity.

  직역 – 당신은 너무나 높게 하나의 받침대 위에 나를 높이 올려놓아 주었습니다. 그래서 나는 거의 영원까지 볼 수 있었습니다.

  의역 – 당신은 내가 거의 영원까지 볼 수 있도록 높은 받침대 위에 나를 올려놓아 주었습니다.

  보통 이러한 경우를 so ~ that 용법이라고 하여 앞에서 순서대로 해석하면 된다고 쓰여 있다. 틀린 말이라고 볼 수는 없지만 'high'를 설명하기 위해 즉 얼마나 '높은 지'를 'that' 이하의 문장에서 설명하고 있다고 보는 편이 좋다. 'so'는 단지 'high'를 강조하기 위해 'very'처럼 앞에 놓여진 것이다. 그래야 'that' 이하의 문장은 관계대명사 'that'으로 연결되어 있다고 하는 것이 보다 명확하다.

- I'd be a fool cause I've finally found someone who cares.

  직역 – 바보가 되었을 거에요, 왜냐하면 나는 결국 돌봐줄 누군가를 찾은 상태잖아요

  의역 – 내가 바보인가요, 나를 돌봐줄 누군가를 결국 찾고야 말았잖아요.

  I would be a fool은 직역하면 '내가 바보가 되었을 거에요.'라는 의미이다.
  I will be a fool의 과거형이다. 즉 과거에서 미래를 언급한 것이므로 결국 가정법과거가 된다. 'I would marry him.'은 '그 사람이랑 결혼했을 거에요.'라는 의미이다. 결국 그 사람과 결혼을 하지 못했다는 의미이므로 과거로 돌아가 가정해서 말하는 것이다.
  여기서는 일종의 반어법으로 '내가 바보가 아니잖아요.'의 뜻으로 의역해도 좋다.

2.13 I can't stop loving you

1962년 Ray Charles가 불러서 그 해에 Billboard Chart 1위를 5주 동안 이어갔다. 레이 찰스는 R&B, 가스펠, 컨트리, 재즈 등 다양한 부문에서 공을 세웠다. 오늘날 미국 어메리칸 팝을 발전시키는데 혁혁한 공을 세운 대표적인 인물이라고 해도 이의를 달 사람이 없다. 그는 로큰롤 명예의 전당에 헌액되었다.

작곡은 컨트리 싱어인 Don Gibson가 작곡하고 발표하였으나 레이찰스가 리메이크한 곡이 더 히트를 한 것이다. 이처럼 같은 곡이라도 누가 편곡하고, 연주하고 노래하였는지에 따라 완전히 다른 곡이 된다. 그만큼 멜로디보다 멜로디에 어떻게 옷을 입히는가가 더욱 중요할 수 있다. 다른 가수들도 Remake했지만 'Ray'의 곡을 최고로 친다.

그는 어렸을 때 원인 모를 눈병을 앓아 서서히 시력을 잃다가 완전 시각장애인이 된다. 그렇지만 음악학교에 입학하여 음악적 재능을 발휘하게 된다. 그는 '음악의 천재'라 불린다. 시각을 잃기 전 뒷마당에 넓은 나무로 된 통에 동생이 들어가 물놀이를 즐기던 중 물에 빠져 죽는 광경을 목격한다. 그렇지만 너무나 어렸던 'Ray'는 겁이 나서 아무 것도 하지 못하고 두려움에 떨며 그 광경을 목격했다. 그때의 충격으로 인해 시각을 잃게 되었다는 학설도 있다.

그가 노래를 작곡하고 부를 때마다 새로운 리듬을 만들어내어 오늘날 아메리칸 팝을 이끌고 발전시킨 장본인이라고 추앙을 받고 있다.

특히 1960년 발표한 'Georgia on my mind'라는 곡은 미국 조지아주의 상징인 주를 대표하는 곡이 되었으며 미국인이 가장 사랑하는 곡 1위에도 오른 적도 있으며 여전히 이 곡은 끊임없이 미국인으로부터 사랑을 받고 있다..

영국을 대표하는 가수이자 작곡자 엘튼 존과 부른 'Sorry seems to be hardes word'는 명곡 중의 명곡으로 손꼽힌다. 2004년 그의 인생을 다룬 영화 'Ray'가 발표되어 아카데미의 많은 부문에서 수상했다.

그가 머리를 좌우로 흔들며 피아노를 치고 그리고 노래를 부르는 모습은 잊을 수가 없다. 그는 2004년 급성질환으로 사망할 때까지 가장 사랑을 많이 받은 가수이자 시각장애인이였고 또 피아니스트이면서 가수이고 음악인이었다.

그 이름은 그의 이름인 빛 'Ray'

2.13.A 한글 부분

I can't stop loving you
(당신에 대한 사랑을 멈출 수가 없어요)

당신에 대한 사랑을 멈출 순 없어요
난 결심했어요, 외로움으로 가득 찬
그 시절 추억을 되새기며 살기로
당신을 원하는 것을 멈출 순 없어요
말할 필요도 없지만
지난 날들을 꿈꾸며 살아갈 거예요
한 때 우리가 알았던 그런 행복한 시간들이
오래 전에 흘러버리고 말았지만
여전히 내 마음을 우울하게 해요

사람들은 말하지요
시간이 흘러가면 아팠던 마음은 아문다고
그러나 우리가 헤어지자
시간은 멈춰 버렸어요

2.13.A-1 영작 1단계 - 문장 찾기와 여러 개로 구분하기

1	당신에 대한 사랑을 멈출 수가 없어요
2	난 결심했어요. 외로움으로 가득한 그 시절 추억을 되새기며 살기로
3	당신을 원하는 것을 멈출 수가 없어요
4	말할 필요가 없어요
5	지난 날을 꿈꾸며 살 거에요
6	그런 행복한 시간들 비록 오래 되었지만 여전히 나를 우울하게 해요
6-1	우리가 알았던
7	사람들은 말하지요
7-1	시간이 흘러가면 아팠던 마음은 아문다고
8	그러나 우리가 헤어지자
8-1	시간은 멈춰버렸어요

2.13.A-2 영작 2단계 - 주어, 동사 찾기와 동사의 시제 결정하기

1	당신에 대한 사랑을 멈출 수가 없어요	현재
2	난 결심했어요. 외로움으로 가득한 그 시절 추억을 되새기며 살기로	현재완료
3	당신을 원하는 것을 멈출 수가 없어요	현재
4	말할 필요가 없어요	현재
5	지난 날을 꿈꾸며 살 거에요	미래
6	그런 행복한 시간들 비록 오래 되었지만 여전히 나를 우울하게 해요	현재
6-1	우리가 알았던	과거
7	사람들은 말하지요	현재
7-1	시간이 흘러가면 아팠던 마음은 아문다고	현재

8	그러나 우리가 헤어지자	현재완료
8-1	시간은 멈춰버렸어요	현재완료

2.13.A-3 영작 3단계 – 문장의 형식 결정

1	당신에 대한 사랑을 멈출 수가 없어요	P3
2	난 결심했어요. 외로움으로 가득한 그 시절 추억을 되새기며 살기로	P3
3	당신을 원하는 것을 멈출 수가 없어요	P3
4	말할 필요가 없어요	P2
5	지난 날을 꿈꾸며 살 거에요	P3
6	그런 행복한 시간들 비록 오래 되었지만 여전히 나를 우울하게 해요	P5
6-1	우리가 알았던	P3
7	사람들은 말하지요	P3
7-1	시간이 흘러가면 아팠던 마음은 아문다고	P3
8	그러나 우리가 헤어지자	P2
8-1	시간은 멈춰버렸어요	P1

2.13.A-4 영작 4단계 - 영어의 Pattern 순서로 위치 변경하기

no	S	V	C or O	O or C	P
1	(나는)	멈출 수 없어요	사랑하는 것을	-당신을	3
2	나는	결심했어요	나의 마음을 -살기로	-기억 속에서 -오래된 외로운 시간의	3
3	나는	멈출 수 없어요	원하는 것을	-당신을	3
4	가인칭	입니다	소용이 없습니다	-말하는 것이	2
5	-그래서 나는	살 것입니다	나의 삶을	-어제의 꿈 속에서	3
6	그런 행복의 시간들 (6-1)	-비록 -오래되었지만 -여전히 만듭니다	나를	우울하게	5
6-1	우리가	-한 때 알았던			3
7	사람들은	말하지요	7-1		3
7-1	시간이	아물게 한다고	아픈 마음을		3
8	-그러나 시간이	멈춰져 버렸어요			1
8-1	-이래로 우리가	있는 상태로	헤어진		2

2.13.B 영어 부문

I can't stop loving you

I can't stop loving you
I've made up my mind
to live in memory of old lonesome time.

I can't stop wanting you
It's useless to say
So I'll just live my life
in dreams of yesterday.

Those happy hours
that we once knew,
though long ago,
still make me blue.
They say
that time heals a broken heart.
But time has stood still
since we've been apart.

(* 읽기 목표 시간 – 30초)

2.13.B-1 번역 1단계 - 문장 구분하기

1	I can't stop loving you
2	I've made up my mind to live in memory of old lonesome time
3	I can't stop wanting you
4	It is useless to say
5	So I'll just live my life in dreams of yesterday
6	Those happy hours, though long ago, still make me blue
6-1	that we once knew
7	They say
7-1	that time heals a broken heart
8	But time has stood still
8-1	since we've been apart

2.13.B-2 번역 2단계 - 주어, 동사 찾기와 동사의 시제 파악

1	I can't stop loving you	현재
2	I've made up my mind to live in memory of old lonesome time	현재완료
3	I can't stop wanting you	현재
4	It is useless to say	현재
5	So I'll just live my life in dreams of yesterday	미래
6	Those happy hours, though long ago, still make me blue	현재
6-1	that we once knew	과거
7	They say	현재
7-1	that time heals a broken heart	현재
8	But time has stood still	현재완료
8-1	since we've been apart	현재완료

2.12.B-3 번역 3단계 - 문장의 형식 파악

1	I can't stop loving you	P3
2	I've made up my mind to live in memory of old lonesome time	P3
3	I can't stop wanting you	P3
4	It is useless to say	P2
5	So I'll just live my life in dreams of yesterday	P3
6	Those happy hours, though long ago, still make me blue	P5
6-1	that we once knew	P3
7	They say	P3
7-1	that time heals a broken heart	P3
8	But time has stood still	P1
8-1	since we've been apart	P2

2.13.B-4 번역 4단계 - 복문장의 경우 문장과 문장과의 관계 파악

6 At	Those happy hours, though long ago, still make me blue	
6-1	that we once knew	6번 문장 those happy hours를 덧붙여 설명하는 문장
7 Fp33	They say	
7-1	that time heals a broken heart	7번 문장 'say'의 목적절
8 Dw	But time has stood still	
8-1	since we've been apart	8번 문장에 대한 조건을 설명

- At (Attatched형) ; 어떤 단어를 뒤에서 설명하는 문장(관계대명사)
- Fp33(Five Pattern 3형식 3번째 자리) ; 3형식 목적어 자리에 문장이 왔음 (목적절)
- Dw(Do-While형) ; 결론을 먼저 말하고 뒤의 문장에서 보충적 설명하는 형태

2.13.B-5 Pattern의 순서로 분리

no	S	V	C or O	O or C	P
1	I	can't stop	loving	-you	3
2	I	have made up	my mind -to live	-in memory of old lonesome time	3
3	I	can't stop	wanting	-you	3
4	It	is	useless	-to say	2
5	-So I	will just live	my life	-in dreams of yesterday	3
6	Those happy hours	-though -long ago still make	me	blue	5
6-1	-that we	-once knew			3
7	They	say	7-1		3
7-1	-that time	heals	a broken heart		3
8	-But time	has stood	-still		1
8-1	-since we	have been	apart		2

2.13.C. 주요 문장 분석

- Those happy hours that we once knew, though long ago, still make me blue.
  의역 – 한 때 우리가 알았던 그런 행복했던 시간들이 여전히 나를 우울하게 합니다.

  이 문장은 아래와 같이 간단하게 분해를 하면 이해가 훨씬 쉽다.
  Those happy hours make me blue.
  Those happy hours still make me blue.
  Those happy hours, though long ago, still make me blue.
  Those happy hours that we once knew, though long ago, still make me blue.
  긴 문장을 가장 핵심적인 내용(5형식에 해당하는)만 먼저 뽑아내고 그 이후에 하나씩 꾸미고 강조하고 설명하는 문장을 붙여나가면 이해가 빠르다.

- **Time has stood still, since we have been apart.**
  직역 – 시간이 아직도 멈춰진 상태에요, 우리가 찢어진 상태 이후로
  의역 – 우리가 헤어지자 시간이 멈춰져 버렸어요.

  현재완료는 어떤 상태가 지속되고 있음을 의미하는 시제로 우리말에 없는 시제이다. 그렇기 때문에 영어를 번역할 때는 문제가 없지만 우리말을 영어로 영작할 때는 현재완료형으로 하기가 쉽지 않다. 영어의 현재완료 문장을 잘 살펴보고 이해하는 수 밖에 없다. 즉 영어로 된 책을 많이 읽어서 상황 파악을 해야 한다. 영어책을 많이 읽지 않고 영어가 능통하는 방법은 없다.

2.14 Can't help falling in love with you

이 곡은 **Elvis Presely**가 1961년 발표한 앨범 'Blue Hawaill'에 수록된 곡으로 전 세계인의 사랑을 받았다. 그는 1960년부터 1970에 이르기까기 거의 모든 라이브 공연에서 이 노래를 마지막에 불렀다. 그만큼 엘비스는 이 곡을 좋아했다. 원래는 1784년 프랑스 작곡가 **Jean Paul Egide Maritini**의 로맨스 곡에서 모티브를 따왔다. 그는 로맨스 위주의 클래식 음악을 만드는 작곡자였다. 2015년 엘비스 프레슬리 탄생 80주년을 맞이하여 기념앨범 'If I can dream'을 제작했는데 그의 목소리와 그의 싱어들의 목소리를 그대로 살리고 반주만 새롭게 편곡항고 연주하여 이 노래를 다시 녹음했다. 과학의 발전이 죽은 그를 재현시킨 것이다. 반주는 **Royal Philharmony Orchestra**가 새롭게 편곡하고 연주하였다.
세계의 모든 아메리칸 팝을 좋아하는 사람들은 엘비스도 좋아한다. 그가 태어나고 자란 멤피스에는 그의 박물관이 있고 많은 팬들이 지금도 그곳을 방문하고 엘비스의 무덤에 헌화를 한다고 한다. 그 꽃이 하도 많고 늘 새롭게 놓아져서 마를 날이 없다고 한다.
멤피스는 그의 고향이기도 하지만 블루스의 도시로도 꼽힌다. 비교적 크지 않은 도시임에도 불구하고 도심지 한복판에 블루스를 라이보 연주하는 클럽이 100여곳이 넘는 거리가 있다. 낮이고 밤이고 블루스 연주는 계속된다. 블루스는 아프리카에서 강제로 팔려온 흑인들이 창조한 음악이고 노래이다. 블루스가 발전하여 재즈가 되었고 록앤롤의 기초가 되었다. 엘비스는 처음 노래할 때부터 흑인 음악인 블루스를 좋아했고 흑인들처럼 노래하고 춤을 추면서 노래했다. 많은 백인들은 백인이면서 흑인 흉내를 내는 엘비스를 싫어했다. 그러나 엘비스를 좋아하는 젊은 청춘들은 폭발적으로 엘비스를 흉태냈고 그처럼 엉덩이를 흔들고 돌리고 열광했다. 'Rock & Roll'은 흔들고 돌린다는 뜻이다. 그가 월남으로 군대를 다녀와 복귀 공연을 한 곳이 하와이였고 전 세계 최초로 하와이 공연은 전 세계에 위성으로 중계되었다. 여기에서 부른 'Can't help falling in love with you'를 최고로 친다.

2.14.A 한글 부분

Can't help falling in love with you
(당신한테 사랑에 빠지지 않을 수 없어요)

현명한 사람들은 말합니다.
오로지 바보들만 서두른다고.
그렇지만 당신을 사랑하지 않을 수 없습니다.
그냥 가만히 있을까요?
죄가 될까요?
당신을 사랑하지 않을 수 없다면 말이지요.

강은 흘러 당연히 바다로 가는 것처럼
사랑하는 당신, 우리도 그런 것 같아요.
많은 것들은 존재로도 의미가 됩니다
내 손을 잡아주세요.
내 인생 전부도 같이 잡아 주세요.
당신을 사랑하지 않을 수 없으니까요.

2.14.A-1 영작 1단계 - 문장 찾기와 여러 개로 구분하기

1	현명한 사람들은 말합니다. 오로지 바보들만 서두른다고.
2	그렇지만 당신을 사랑하지 않을 수 없습니다
3	그냥 가만히 있을까요?
4	죄가 될까요?
4-1	당신을 사랑하지 않을 수 없다면 말이지요
5	강이 흘러서 당연히 바다로 흘러가는 것처럼
5-1	사랑하는 이여, 우리도 그런 거 같아요
6	많은 것들은 존재로도 의미가 됩니다
7	내 손을 잡아주세요
8	내 인생 전부도 같이 잡아주세요
8-1	당신을 사랑하지 않을 수 없으니까요

2.14.A-2 영작 2단계 - 주어, 동사 찾기와 동사의 시제 결정하기

1	현명한 사람들은 말합니다. 오로지 바보들만 서두른다고.	현재
2	그렇지만 당신을 사랑하지 않을 수 없습니다	현재
3	그냥 가만히 있을까요?	미래
4	죄가 될까요?	가정법과거
4-1	당신을 사랑하지 않을 수 없다면 말이지요	현재
5	강이 흘러서 당연히 바다로 흘러가는 것처럼	현재
5-1	사랑하는 이여, 우리도 그런 거 같아요	현재
6	많은 것들은 존재로도 의미가 됩니다	현재
7	내 손을 잡아주세요	현재

8	내 인생 전부도 같이 잡아주세요	현재
8-1	당신을 사랑하지 않을 수 없으니까요	현재

2.14.A-3 영작 3단계 – 문장의 형식 결정

1	현명한 사람들은 말합니다. 오로지 바보들만 서두른다고.	P5
2	그렇지만 당신을 사랑하지 않을 수 없습니다	P3
3	그냥 가만히 있을까요?	P1
4	죄가 될까요?	P2
4-1	당신을 사랑하지 않을 수 없다면 말이지요	P3
5	강이 흘러서 당연히 바다로 흘러가는 것처럼	P1
5-1	사랑하는 이여, 우리도 그런 거 같아요	P1
6	많은 것들은 존재로도 의미가 됩니다	P3
7	내 손을 잡아주세요	P3
8	내 인생 전부도 같이 잡아주세요	P3
8-1	당신을 사랑하지 않을 수 없으니까요	P3

2.14.A-4 영작 4단계 - 영어의 Pattern 순서로 위치 변경하기

no	S	V	C or O	O or C	P
1	현명한 사람들은	말합니다	-오로지 바보들만이	서두른다고	5
2	-그러나 나는	않을 수 없습니다	빠지는 것에	-사랑에 -당신과 함께	3
3	내가	머무를까요?			1
4	가인칭	되나요	죄가		2
4-1	-만일 내가	않을 수 없다면	빠지는 것에	-사랑에 -당신과 함께	3
5	-같이 강이	흘러서	-확실히	-바다를 향해	1
5-1	-사랑하는 이여, -그렇게 가인칭	갑니다			1
6	어떤 것들은	의미가 됩니다	존재로		3
7	(당신은)	잡아주세요	내 손을		3
8	(당신은)	잡으세요	나의 모든 인생	-도	3
8-1	-니까요 내가	않을 수 없습니다	빠지는 것에	-사랑에 -당신과 함께	3

2.14.B 영어 부문

Can't help falling in love with you

Wise men say only fools rush in.
But I can't help falling in love with you.
Shall I stay?
Would it be a sin,
if I can't help falling in love with you?
Like a river flows surely to the sea,
Darling, so it goes.
Some things are meant to be.
Take my hand.
Take my whole life too,
cause I can't help falling in love with you.

(* 읽기 목표 시간 – 25초)

2.14.B-1 번역 1단계 - 문장 구분하기

1	Wise men say only fools rush in
2	But I can't help falling in love with you
3	Shall I stay?
4	Would it be a sin
4-1	if I can't help falling in love with you?
5	Like a rive flows surely to the sea
5-1	Darling, so it goes
6	Some things are meant to be
7	Take my hand
8	Take my whole life too,
8-1	cause I can't help falling in love with you

2.14.B-2 번역 2단계 - 주어, 동사 찾기와 동사의 시제 파악

1	Wise men say only fools rush in	현재
2	But I can't help falling in love with you	현재
3	Shall I stay?	미래
4	Would it be a sin	가정법과거
4-1	if I can't help falling in love with you?	현재
5	Like a rive flows surely to the sea	현재
5-1	Darling, so it goes	현재
6	Some things are meant to be	현재
7	Take my hand	현재
8	Take my whole life too,	현재
8-1	cause I can't help falling in love with you	현재

2.14.B-3 번역 3단계 - 문장의 형식 파악

1	Wise men say only fools rush in	P5
2	But I can't help falling in love with you	P3
3	Shall I stay?	P1
4	Would it be a sin	P2
4-1	if I can't help falling in love with you?	P3
5	Like a rive flows surely to the sea	P1
5-1	Darling, so it goes	P1
6	Some things are meant to be	P3
7	Take my hand	P3
8	Take my whole life too,	P3
8-1	cause I can't help falling in love with you	P3

2.14.B-4 번역 4단계 - 복문장의 경우 문장과 문장과의 관계 파악

4 Dw	Would it be a sin	4-1 문장의 가정에 대한 결과를 먼저 나열 강조를 위해 문장을 도치함
4-1	if I can't help falling in love with you	'if 문장' 뒤에 결과 문장 오는 것이 보편적
5 Dw	Like a river flows surely to the sea	
5-1	Daring, so it goes	5번 문장의 비유에 대한 결론의 문장
8 Dw	Take my whole life too	
8-1	cause I can't help falling in love with you	8번 문장에 대한 이유를 설명

- Dw(Do-While형) ; 결론을 먼저 말하고 뒤의 문장에서 보충적 설명하는 형태

2.14.B-5 Pattern의 순서로 분리

no	S	V	C or O	O or C	P
1	Wise men	say	-only fools	rush in	5
2	-But I	can't help	falling	-in love -with you	3
3	Shall I	stay			1
4	Would it	be	a sin		2
4-1	-if I	can't help	falling	-in love -with you	3
5	-Like a rive	flows	-surely -to the sea		1
5-1	Darling, -so it	goes			1
7	(You)	Take	my hand		3
8	(you)	Take	my whole life	-too	3
8-1	-cause I	can't help	falling	-in love -with you	3

2.14.C. 주요 문장 분석

● Wise men say only fools rush in
  의역 – 현명한 사람들은 오로지 바보들만이 서두른다고 말합니다

  이 문장은 5형식으로 'only fools'가 'say'의 목적어이며 'rush in'이 목적보어가 된다. 즉 'rush in'은 'only fools'를 설명하는 말이다. 원래는 'to rush'가 되어야 하지만 앞의 동사 'say'가 지각동사이므로 'to'가 생략되었다.
  'rush in'처럼 전치사는 동사의 뒤에 붙어서 하나의 동사처럼 작동한다. 이러한 경우를 우리는 숙어라고 하며 '동사+전치사'를 하나의 동사처럼 익혀야 한다.

● I can't help falling in love with you
  직역 – 나는 당신과 함께 사랑 안으로 빠지는 것을 도울 수가 없어요
  의역 – 나는 당신에게 사랑에 빠지지 않을 수 없어요

  'can't help ~ing'는 '~에 않을 수 없다'는 일종의 숙어이다. 'help' 다음에 반드시 동사의 '~ing'형 즉 동명사가 help의 목적어로 와야 한다. 동사가 목적어가 되기 위해서 동명사 형태를 취한 것이다. 예를 들면
  '낚시를 하지 않을 수 없어' – I can't help fishing.
  '도박을 하지 않을 수 없어' – I can't help gambling.

  또는 'can't help falling'는 '에 빠지지 않을 수 없다'라고 숙어처럼 볼 수도 있다. 위에서처럼 '사랑에 빠지지 않을 수 없다'의 뜻이 된다. 예를 들면
  '낚시에 빠지지 않을 수 없어' – I can't help falling in fishing.
  '도박에 빠지지 않을 수 없어' – I can't help falling in gambling.
  라고 할 수 있다.

그러나 위의 2 문장은 약간 다른 의미를 갖고 있다.

첫 번째 문장 'I can't help in fishing'은 낚시를 하지 않고는 배기지 못할 정도로 고기가 많거나 환경이 좋다는 의미(낚시를 하지 않을 수 없어)이고

두 번째 문장 'I can't help falling in fishing'은 낚시의 매력에 빠져서 그 중독성에서 헤어나올 수 없다는 의미(낚시에 빠지지 않을 수 없어)이므로 그 의미가 더 크고 반복적으로 발생하는 어떤 상황을 설명한다.

- Would it be a sin, if I can't help falling in love with you?

직역 – 하나의 죄가 되었을까요, 만일 당신과 함께 사랑에 빠질 수 없다면?

의역 – 당신에게 사랑에 빠지게 된다면 죄가 될까요?

Would it be a sin.. 문장은 현재형 평서문에서 생각하면 이해가 빠르다.

It is a sin. – 하나의 죄입니다.

It will be a sin. – 하나의 죄가 될 것입니다.

It would be a sin – 하나의 죄가 되었을 것입니다.

Would it be a sin? – 죄가 되었을까요?

'will'의 과거인 'would'이므로 '되었을 것이다'라고 해석해야 한다. 즉 과거에서 미래를 가정해서 말하는 것이다. 결국 '죄가 되지 않는다'는 의미이다. 그래서 가정을 해서 말한다고 해서 '가정법과거'라고 한다. 비록 과거의 일을 가정해서 말하지만 그 결과는 현재에 영향을 끼치므로 흔히 문법에서 '가정법과거'는 현재 '사실에 반대'라고 한다. 그다지 이해가 쉽지 않은 표현이라고 할 수 있다.

원래는 'if'의 조건문장에 따른 결과의 문장이 '주어 + would + 동사'가 되려면 if 문장도 과거형이라야 한다. 그러나 위에서 설명한 바와 같이 '가정법과거'는 현재 사실에 반대 즉 현재형에서 종종 현재처럼 사용되는데 사실 영어의 표현은 정확하고 우리말의 표현이 과거인지 현재인지 헷갈려서 말할 때가 더 많다. 가정법이 어려운 이유는 우리말의 가정법의 시제가 명확하지 않은 측면이 강하다.

'Would you like something to drink?'라고 부드럽고 예의 바른 표현으로 회화에서 많이 사용되는 이 표현도 원래의 뜻은 '뭔가 마시면 좋지 않았을까요?'라고 과거처럼 말하지만 결국 완곡한 현재의 의미가 된다.

'뭔가 마시면 좋지 않았을까요?'라고 묻지만 과거에 '마시면 좋았겠지요?'가 아니라 '지금이라도 마시면 좋지 않으신가요?'라고 묻는 현재의 상황이 된다. '뭔가 한 잔 마시면 좋았을 텐데.' 즉 '지금이라도 마시고 싶다'는 의미이다.

2.15 Yesterday once more

남매 듀오 Carpenters가 1973년 발표한 앨범 'Now & then'에 수록된 곡으로 그해 엄청난 전 세계에 엄청난 반향을 일으켰다. 부드루우면서도 약간 중성적인 목소리를 가진 여동생 Karen Carpenter가 불러 그녀의 매력적인 voice와 함께 노래의 느낌을 너무나 잘 살렸다. 작곡은 오빠인 Richard Carpenter가 했고 작사는 많은 뮤지션들의 노래를 작사한 John Bettis가 했다.
Carpenters가 부른 곡 중에서 가장 잘 알려진 곡이고 가장 많이 팔린 곡이다. 특히 Easy Listening Chart에서 4년동안 8번이나 1위를 했다. 그만큼 듣고 감상하기에 부드럽고 편안한 곡이다. 부르기보다는 감상을 하기에 좋은 곡이라 할 수 있다.
Carpenters는 그 밖에도 수 많은 히트곡을 남겼고 특히 올드팝을 재해석해서 다시 부르는 부문에서 타의 주종을 불허할 정도로 탁월했다.
그녀의 목소리는 너무나 부드러워 아무리 거칠고 복잡하며 색채가 강한 곡도 쉽고 아름답고 부드럽게 들리게 만들었다.
그들은 14년동안 같이 활동하면서 무려 10장의 앨범을 발표하는 등 왕성하게 활동하였고 대부분의 곡은 오빠인 Richard가 작곡하고 편곡하였다.
Rock & Roll이 대세였던 시절 Adult Contemporary 음악 장르를 개척했고 블루스 중심 음악에 있던 미국의 팝을 컨트리 계열로 균형을 갖추게 만들었다.
아쉽게도 1983년 살을 빼기 위해 지나친 감량을 하다 거식증을 앓던 Karen은 그 영향으로 심장마비로 사망했다. 바로 그 전날 그들의 가장 가까운 친구 가수 겸 배우 Dionne Wawickrk 라스베가스 공연에서 Karen 대신 노래를 불렀다.

특히 이곡은 편곡도 노래 못지않게 아름답다. 뛰어난 편곡으로 손꼽히는 대표곡이다.
리듬은 Slow Tempo의 4 beat이며 컨트리 계열로 분류된다.
편안하게 불러서는 듣기에 편안한 곡이 되기 힘들다. 오히려 음 하나 하나를 완벽하게 신경 써서 정확한 음정과 박자 그리고 가사의 발음을 해야 한다.
아마추어가 기타 반주로 부르고 싶은 명곡이지만
그걸 다른 사람이 듣는다면 좀 .....

2.15.A 한글 부분

Yesterday once more
(옛날이여 다시 한번)

어렸을 땐 내가 좋아하는 노래가 나오길 기다리면서
라디오를 들었을 거에요
그 노래가 나오면
따라 부르기도 했겠지요.
그 노래들이 나를 미소를 짓게 만들었어요.
얼마 되지 않은 행복했던 시절이었지요
그것들이 다 어디로 갔나
얼마나 걱정을 했는지
.그러나 오래된 잃어버린 친구처럼
그것들이 다시 돌아왔어요
내가 그렇게 좋아하던 모든 노래들
'샬랄라 워워워'는 아직도 모두 빛이나요
모든 '싱어링어링'
그것들은 아주 멋지게 노래하려고 그렇게 시작하고 있어요

그 노래가 그 부분에 다다르면
그 남자가 그 여자의 마음을 아프게 하는
그 가사 부분 말이에요
그건 예전처럼 정말로 나를 울게 만들 수도 있어요
옛날이 다시 왔어요
과거를 되돌아보면 지나가 버린 세월 속에서 어땠는지
내가 가졌던 그 시절이

얼마나 좋은 시간들이었는지
어쩌면 오늘을 차라리 슬프게 만드는 것 같아요
너무나 많은 것들이 변했어요
사랑의 노래들이었지요
그때 내가 부르곤 했던
그리고 가사 하나 하나를 외우곤 했던

그런 오래된 멜로디들이 여전히 나에겐 너무 좋게 들려요
그 가사들이 멀리 가버린 세월들을 녹여버리면서
나의 최고의 추억들이 모두 생생하게 되돌아 와요
어떤 것들은 심지어는 예전처럼 여전히 나를 울려요

다시 한번 온 옛날이에요

2.15.A-1 영작 1단계 – 문장 찾기와 여러 개로 구분하기

1	어렸을 땐 내가
1-1	내가 좋아하는 노래가 나오길 기다리면서 라디오를 들었을 거에요
2	그 노래가 나오면
2-1	따라서 불렀을 거에요
3	그 노래들이 나를 미소 짓게 만들었어요
4	얼마 되지 않은 행복했던 시절이었지요
5	얼마나 걱정을 했는지
5-1	그것들이 다 어디로 갔나
6	그러나 오래된 잃어버린 친구처럼 그것들이 다시 돌아왔어요
7	내가 그렇게 좋아하던 모든 노래들
8	'샬랄라 워워워'는 아직도 모두 빛이나요 모든 '싱어링어링'
9	그것들은 아주 멋지게 노래하려고 그렇게 시작하고 있어요
10	그 노래가 그 부분에 다다르면
10-1	그 남자가 그 여자의 마음을 아프게 하는 그 부분 말이에요
10-2	그건 예전처럼 정말로 나를 울게 만들 수도 있어요
11	옛날이 다시 왔어요
12	과거를 되돌아보면 지나가 버린 세월 속에서 어땠는지, 얼마나 좋은 시간들이었는지
12-1	(얼마나) 좋은 시간들이었는지
12-2	내가 가졌던
13	어쩌면 오늘을 차라리 슬프게 만드는 것 같아요
14	너무나 많은 것들이 변했어요
15	사랑의 노래들이었지요

15-1	그때 내가 부르곤 했던
15-2	그리고 가사 하나 하나를 외우곤 했던
16	그런 오래된 멜로디들이 여전히 나에겐 너무 좋게 들려요
16-1	그 가사들이 멀리 가버린 세월들을 녹여버리면서
17	나의 최고의 추억들이 모두 생생하게 되돌아 와요
18	어떤 것들은 심지어는 예전처럼 여전히 나를 울려요

2.15.A-2 영작 2단계 – 주어, 동사 찾기와 동사의 시제 결정하기

1	어렸을 땐 내가	현재
1-1	내가 좋아하는 노래가 나오길 기다리면서 라디오를 들었을 거에요	가정법과거
2	그 노래가 나오면	과거
2-1	따라서 불렀을 거에요	가정법과거
3	그 노래들이 나를 미소 짓게 만들었어요	과거
4	얼마 되지 않은 행복했던 시절이었지요	과거
5	얼마나 걱정을 했는지	과거
5-1	그것들이 다 어디로 갔나	과거완료
6	그러나 오래된 잃어버린 친구처럼 그것들이 다시 돌아왔어요	현재
7	내가 그렇게 좋아하던 모든 노래들	과거
8	'샬랄라 워워워'는 아직도 모두 빛이나요 모든 '싱어링어링'	현재
9	그것들은 아주 멋지게 노래하려고 그렇게 시작하고 있어요	현재진행
10	그 노래가 그 부분에 다다르면	현재
10-1	그 남자가 그 여자의 마음을 아프게 하는 그 부분 말이에요	현재진행

10-2	그건 예전처럼 정말로 나를 울게 만들 수도 있어요	현재
11	옛날이 다시 왔어요	현재
12	과거를 되돌아보면 지나가 버린 세월 속에서 어땠는지	과거
12-1	(얼마나) 좋은 시간들이었는지	
12-2	내가 가졌던	과거
13	어쩌면 오늘을 차라리 슬프게 만드는 것 같아요	현재
14	너무나 많은 것들이 변했어요	현재완료
15	사랑의 노래들이었지요	과거
15-1	그때 내가 부르곤 했던	가정법과거
15-2	그리고 가사 하나 하나를 외우곤 했던	가정법과거
16	그런 오래된 멜로디들이 여전히 나에겐 너무 좋게 들려요	현재
16-1	그 가사들이 멀리 가버린 세월들을 녹여버리면서	현재
17	나의 최고의 추억들이 모두 생생하게 되돌아 와요	현재
18	어떤 것들은 심지어는 예전처럼 여전히 나를 울려요	현재

2.15.A-3 영작 3단계 - 문장의 형식 결정

1	내가 어렸을 때	P2
1-1	내가 좋아하는 노래가 나오길 기다리면서 라디오를 들었을 거에요	P3
2	그 노래가 나오면	P1
2-1	따라서 불렀을 거에요	P1
3	그 노래들이 나를 미소 짓게 만들었어요	P5
4	얼마 되지 않은 행복했던 시절이었지요	P2
5	얼마나 석성을 했는지	P3

5-1	그것들이 다 어디로 갔나	P1
6	그러나 오래된 잃어버린 친구처럼 그것들이 다시 돌아왔어요	P2
7	내가 그렇게 좋아하던 모든 노래들	P3
8	'샬랄라 워워워'는 아직도 모두 빛이나요 모든 '싱어링어링'	P1
9	그것들은 아주 멋지게 노래하려고 그렇게 시작하고 있어요	P1
10	그 노래가 그 부분에 다다르면	P3
10-1	그 남자가 그 여자의 마음을 아프게 하는 그 부분 말이에요	P3
10-2	그건 예전처럼 정말로 나를 울게 만들 수도 있어요	P5
11	옛날이 다시 왔어요	P2
12	과거를 되돌아보면 지나가 버린 세월 속에서 어땠는지,	P2
12-1	(얼마나) 좋은 시간들이었는지	P2
12-2	내가 가졌던	P3
13	어쩌면 오늘을 차라리 슬프게 만드는 것 같아요	P5
14	너무나 많은 것들이 변했어요	P1
15	사랑의 노래들이었지요	P2
15-1	그때 내가 부르곤 했던	P1
15-2	그리고 가사 하나 하나를 외우곤 했던	P3
16	그런 오래된 멜로디들이 여전히 나에겐 너무 좋게 들려요	P2
16-1	그 가사들이 멀리 가버린 세월들을 녹여버리면서	P3
17	나의 최고의 추억들이 모두 생생하게 되돌아 와요	P1
18	어떤 것들은 심지어는 예전처럼 여전히 나를 울려요	P5

2.15.A-4 영작 4단계 - 영어의 Pattern 순서로 위치 변경하기

no	S	V	C or O	O or C	#
1	-때 나는	였습니다	어렸습니다		2
1-1	나는	들었을 거에요	라디오를	-기다리면서 -내가 좋아하는 노래들을	3
2	-때 그것들이	나오면 (라디오에서)			1
2-1	나는	노래를 불렀을 거에요	-따라서		1
3	이 것이	만들었습니다	나를	웃음짓게	5
4	그것들은	였습니다	그런 행복한 시간들 -그리고 오래지 않은		2
5	-얼마나 나는	걱정을 했는지			3
5-1	-어디로 그것들이	가버린 상태인지			1
6	-그러나 그것들은	입니다	돌아온	-다시 -꼭, 처럼 -오래된 잃어버린 친구	2

7	나는	좋아합니다	모든 노래들을 (강조하려고 목적어를 앞에 위치)	-너무나	3
8	모든 '샬라라들' 모든 '싱어링어링'	-여전히 빛납니다			1
9	-그런 그것들은	시작하고 있어요	-노래 하기 위해	-아주 멋지게	1
10	-때 그것들	다다르게	그 부분에		3
10-1	-곳에 그가	아프게 하고 있는 중인	그녀의 마음을		3
10-2	가인칭	-진정으로 만들 수 있습니다	나를	울게 -예전처럼	5
11	-전에 가인칭	입니다	옛날	-한번 더	2
12	-되돌아 보면 -어떻게 가인칭	였는지	-시절 속에서	-지나쳐 버린	2
12-1	-그리고 (가인칭)	였는지	좋은 시절인		2
12-2	내가	가졌던	(그 시간들이)		3

13	(그것이)	만듭니다	오늘을	인 것처럼 -차라리 슬프게	5
14	너무 많은 것들이	변한 상태에요			1
15	가인칭	였어요	사랑의 노래들		2
15-1	내가	부르곤 했던	(-사랑의 노래들을)	-그때	1
15-2	-그리고 나는	외우곤 했어요	각각의 가사들을		3
16	그런 오래된 멜로디들이	-여전히 소리를 냅니다	아주 좋게	-나에게는	2
16-1	-면서 그들이	녹입니다	세월들을	-가버린	3
17	모든 나의 최고의 추억들은	다시 옵니다	-생생하게	-나에게	1
18	어떤 것들은	-심지어는 만들 수도 있습니다	나를	울게 -꼭 -예전처럼	5

2.15.B 영어 부문

Yesterday once more

When I was young
I'd listen to the radio waiting for my favorite songs
When they played,
I'd sing along.
It made me smile
Those were such happy times and not so long ago
How I wondered where they'd gone
But they're back again just like a long lost friend
All the songs I loved so well
Every sha-la-lala every wo-o-wo-o still shines
Every shing-a-ling-a-ling
That they're starting to sing so fine
When they get to the part
where he is breaking her heart
it can really make me cry just like before
It's yesterday once more

Looking back on how it was in years gone by
and the good times that I had
Makes today seem rather sad
So much has changed
It was songs of love
that I would sing to then

and I'd memorize each word
Those old melodies still sound so good to me
as they melt the years away
Every sha la la la every wo o wo o still shines

Every shing a ling a ling.
That they're starting to sing so fine
All my best memories come back clearly to me
Some can even make me cry just like before

It's yesterday once more

(* 읽기 목표 시간 – 80초)

2.15.B-1 번역 1단계 - 문장 구분하기

1	When I was young
1-1	I'd listen to the radio waiting for my favorite songs
2	When they played
2-1	I'd sing along
3	It made me smile
4	Those were such happy times and not so long ago
5	How I wondered
5-1	where they'd gone
6	But they're back again just like a long lost friend
7	All the songs I loved so well
8	Every sh-la-la-la wo-o-wo-o still shines
9	That they're starting to sing so fine
10	When they get to the part
10-1	where he is breaking her heart
10-2	it can really make me cry just like before
11	It's yesterday once more
12	Looking back on how it was in years gone by and the good times
12-1	(it was) the good times
12-2	that I had
13	Makes today seem rather sad
14	So much has changed
15	It was songs of love
15-1	that I would sing to then
15-2	and I'd memorize each word
16	Those old melodies still sound so good to me
16-1	as they melt the years away
17	All my best memories come back clearly to me

| 18 | Some can even make me cry just like before | |

2.15.B-2 번역 2단계 - 주어, 동사 찾기와 동사의 시제 파악

1	When I was young	과거
1-1	I'd listen to the radio waiting for my favorite songs	가정법과거
2	When they played	과거
2-1	I'd sing along	가정법과거
3	It made me smile	과거
4	Those were such happy times and not so long ago	과거
5	How I wondered	과거
5-1	where they'd gone	과거완료
6	But they're back again just like a long lost friend	현재
7	All the songs I loved so well	과거
8	Every sh-la-la-la wo-o-wo-o still shines	현재
9	That they're starting to sing so fine	현재진행
10	When they get to the part	현재
10-1	where he is breaking her heart	현재진행
10-2	it can really make me cry just like before	현재
11	It's yesterday once more	현재
12	Looking back on how it was in years gone by and the good times	과거
12-1	(it was) the good times	과거
12-2	that I had	과거
13	Makes today seem rather sad	현재

14	So much has changed	현재완료
15	It was songs of love	과거
15-1	that I would sing to then	가정법과거
15-2	and I'd memorize each word	가정법과거
16	Those old melodies still sound so good to me	현재
16-1	as they melt the years away	현재
17	All my best memories come back clearly to me	현재
18	Some can even make me cry just like before	현재

2.15.B-3 번역 3단계 - 문장의 형식 파악

1	When I was young	P2
1-1	I'd listen to the radio waiting for my favorite songs	P3
2	When they played	P1
2-1	I'd sing along	P1
3	It made me smile	P5
4	Those were such happy times and not so long ago	P2
5	How I wondered	P3
5-1	where they'd gone	P1
6	But they're back again just like a long lost friend	P2
7	All the songs I loved so well	P3
8	Every sh-la-la-la wo-o-wo-o still shines	P1
9	That they're starting to sing so fine	P1
10	When they get to the part	P3

10-1	where he is breaking her heart	P3
10-2	it can really make me cry just like before	P5
11	It's yesterday once more	P2
12	Looking back on how it was in years gone by and the good times	P1
12-1	(it was) the good times	P2
12-2	that I had	P3
13	(It) Makes today seem rather sad	P5
14	So much has changed	P1
15	It was songs of love	P2
15-1	that I would sing to then	P1
15-2	and I'd memorize each word	P3
16	Those old melodies still sound so good to me	P2
16-1	as they melt the years away	P3
17	All my best memories come back clearly to me	P1
18	Some can even make me cry just like before	P5

2.15.B-4 번역 4단계 - 복문장의 경우 문장과 문장과의 관계 파악

1 It	When I was young	
1-1	I'd listen to the radio waiting for my favorite songs	1번 문장 조건에 대한 결과의 문장
2 It	When they played	
2-1	I'd sing along	2번 문장 조건에 대한 결과의 문장
5 Fp33	How I wondered	
5-1	where they'd gone	5번 문장 'wondered'의 목적어 문장
10 It-At	When they get to the part	
10-1	where he is breaking her heart	10번 'the part'를 설명하는 문장
10-2	it can really make me cry just like before	10번 문장 조건에 대한 결과의 문장
12 Pr-At	Looking back on how it was in years gone by	
12-1	and (it was) the good times	12번 문장 'it was'에 연결된 문장
12-2	I had	12-1 the good times를 설명하는 문장
15 At-Pr	It was songs of the love	
15-1	that I would sing to then	15번 songs of the love를 설명하는 문장
15-2	and I'd memorize each word	15-1에 이어 songs of the love를 추가해서 설명하는 문장

16 Dw	Those old melodies still sound so good to me	
16-1	as they melt the years away	16번 문장에 어떤 상황 조건을 추가해서 설명하는 문장

- It(If-then형) ; 조건의 문장이 먼저 나오고 뒤에 그 결과의 문장이 나옴 Dw의 반대형
- Fp33(Five Pattern 3형식 3번째 자리) ; 3형식 목적어 자리에 문장이 왔음 (목적절)
- It-At(If-then – Attached) 전체적으로 앞의 문장에서 조건을 제시하고 뒤의 문장에서 그 결과의 문장이 오는 형태이며 뒤의 문장에 어떤 단어를 덧붙여 설명하는 문장이 왔다.
- Pr-At At(Process - Attached) ; 코드가 두 개 있다면 3개의 문장으로 이루어진 복문장이라는 의미이다. 전체적으로는 Process형 문장으로 이루어져 있고 뒤의 문장에 설명을 위해 덧붙여진 문장(문법에서는 관계대명사라고 한다)이 있다는 의미로 '-'이 있으면 덧붙인 At 문장이 뒤에 있다는 뜻이고 만일 Pr(At)라고 되어 있다면 덧붙인 문장이 앞의 문장에 있다는 의미가 된다.
- At-Pr(Attached – Process) 문장의 어떤 단어를 설명하기 위해 2개의 연이은 문장이 왔다.
- Dw(Do-While형) ; 결론을 먼저 말하고 뒤의 문장에서 보충적 설명하는 형태

(*복문장에 대한 보다 자세한 사항은 필자의 저서 '복문장 영작의 모든 것' 참조)

2.15.B-5 Pattern의 순서로 분리

no	S	V	C or O	O or C	P
1	-When I	was	young		2
1-1	I	would listen	to the radio	-waiting -for my favorite songs	3
2	-When they	played			1
2-1	I	would sing	-along		1
3	It	made	me	smile	5
4	Those	were	such happy times	-not so long ago	2
5	-How I	wondered	5-1		3
5-1	-where they	had gone			1
6	-But they	are	back	-again -just like -a long lost friend	2
7	All the songs I	loved	(all the songs)	-so well	3
8	Every	-still			1

	Sha-la-la-la Every wo-o	shines			
	Every shing-a-ling-a-ling				
9	-That they	are starting	-to sing	-so fine	1
10	-When They	get	to the part		3
10-1	-where he	is breaking	her hear		3
10-2	it	can -really make	me	cry	5
11	It	is	yesterday	-once more	2
12	-Looking back on -how it	was	-in years	-gone by	1
12-1	(it)	(was)	the good times (12-2)		2
12-2	I	had	(the good times)		3
13	(it)	Makes	today	seem -rather sad	5
14	So much	has changed			1

15	**It**	**was**	**songs of love** (15-1)		2
15-1	-that **I**	**would sing**	-to	-then	1
15-2	-and **I**	**would memorize**	**each word**		3
16	**Those old melodies**	-still **sound**	**so good**	-to me	2
16-1	-as **they**	**melt**	**the years**	-away	3
17	**All my best memories**	**come back**	-clearly	-to me	1
18	**Some**	**can even make**	**me**	**cry** -just like before	5

2.15.C. 주요 문장 분석

- When I was young I'd listen to the radio waiting for my favorite songs.
의역 - 내가 어렸을 땐 내가 좋아하는 노래들을 기다리면서 라디오를 들었을 거에요

I would listen to the radio...는 '라디오를 들었을 거에요'이지만 종종 '라디오를 듣곤 했지요'라고 번역하는 경우도 있다. 둘 다 다른 뜻인 것 같지만 가만히 생각해보면 딱 한 번 들은 것이 아니라면 결국 같은 의미가 된다. 그리고 확신해서 말했다면 과거형을 썼을 것이다. 그러므로 '듣곤 했지요'나 '들었을 거에요'가 같은 의미로 봐도 무방하다. 경우에 따라 적당한 우리말로 번역하면 될 것이다. 영어에서는 같은 의미로 사용된다.
'waiting for - 기다리면서' 이렇게 현재분사가 문장의 후반부에 올 때는 '~하면서'라고 번역한다.

- When they get to the part where he is breaking her heart, it can really make me cry just like before.
직역 - 그것들이 그 부분에 다다를 때 그곳은 그가 그녀의 마음을 아프게 하는 중인 곳으로 이 것은 꼭 예전처럼 정말로 나를 울릴 수 있다.
의역 - 노래의 가사가 그 남자가 그녀의 마음을 아프게 하는 그 부분에 다다르면 꼭 옛날처럼 지금도 나를 울릴 수 있는 것 같아요

여기서 'they'는 노래의 가사들을 의미한다. 노래의 가사가 진행되는 과정은 비록 예전의 일이라도 현재형으로 표현한다. 여전히 그 노래는 지금도 그렇게 존재하므로. 그리고 '그 남자가 그녀를 울리는' 부분의 표현은 보다 생생하게 하기 위해 현재진행형으로 표현했다. 'where' 이하의 문장은 'the part'를 상세하게 설명하기 위해 관계대명사를 사용해서 문장이 온 것이다. 원래는 'to cry'라고 해야 하지만 앞의 동사가 사역동사 make이므로 'to'를 생략했다.

- Looking back on how it was in years gone by and the good times that I had.
  직역 – 지나간 세월들 속에서 어땠는지 그리고 내가 가졌던 그 좋은 시간들이 어땠는지 되돌아보는 중에.
  의역 – 스쳐 지나간 그 많은 세월들이 어땠는지 그리고 그 좋은 시절들이 어땠는지 되돌아본다면.

  현재분사가 앞에 나온다면 (이 경우 문장이 아니므로 문법에서는 '현재분사구'라고 한다) '~하는 중'이 아니라 '~라고 한다면'이라고 해석한다. 일종의 변형된 가정법이라고 한다.
  예를 들면
  Driving your car along this street, you can find the café.
  차를 계속 운전해서 이 길을 따라가면 그 카페를 찾을 수 있습니다.

  따라서 원래는 일종의 가정문처럼 이 문장의 결과의 문장으로 뒤에 어떤 문장이 와야 한다. 위의 'you can find the café'처럼. 그래서 그 다음 가사에 'Make today seem rather sad'를 연속된 한 문장으로 보는 것이 좋지만 노래 가사이니만큼 또 현재의 심경을 밝히는 것이 중요하다고 생각해서 별도의 문장으로 분리하였다.

- (It) Makes today seem rather sad.
  직역 – 그것은 오늘을 차라리 슬픈 것처럼 만드는 것 같아요.
  의역 – 그것이 오히려 오늘을 더욱 슬프게 만들어요.
  'it'는 위 문장에서 말한 '과거를 돌아보면 어땠는지, 얼마나 좋았는지'를 의미한다. 그래서 이러한 것들이 과거가 좋았음에도 불구하고 오늘을 오히려 슬프게 한다는 뜻으로 말하고 있다.
  'seem'은 원래 'to seem'이라고 해야 하나 make가 사역동사이므로 'to'를 생략했다.

- Those old melodies still sound so good to me as they melt the years away.
의역 – 그것들이 세월을 녹여버리면서 그런 오래된 추억들이 지금 내게는 여전히 아주 좋게 들려요.

'as' 다음에 오는 문장은 다양한 우리말로 해석이 되어 정확하고 딱 부러지게 우리말로 번역하기가 힘들다. 우리말의 다양한 뜻이 된다. 영어의 원래 표현은 동시에 일어나는 상황일 때라고 생각하면 된다. 다만 아주 동시는 아니고 약간의 시간차가 발생하는 동시에 해당한다. 예를 들면

I could find you were not there as I woke up in the morning.
직역 - 당신이 거기에 없다는 것을 발견할 수 있으면서 아침에 깨어났습니다.
의역 – 아침에 일어나며 당신이 거기에 없다는 것을 발견할 수 있게 되었습니다.

즉 동시에 일어나는 일이지만 엄밀히 따지면 동시에 일어날 수는 없다. 아주 미세한 시간의 차이지만 일어난 후에야 비로서 발견할 수 있다.
이렇게 완전히 동시에 발생하는 두 가지 상황이 아니고 미세하지만 시간차가 발생하는 일에 주로 'as'를 사용한다. 그렇다고 다음의 예처럼 '~ 후에'라고 할 수는 없을 때 사용한다고 보면 된다. '~ 후에'라고 하기에는 너무 짧은 시간의 간격이다.
I could find you were not there after I woke up in the morning.(x)
이렇게 사용하면 틀린 문장이 된다.

부록 1. 복문장의 7가지 형태

Pattern #1. (Five Pattern형 ; Fp형)
문장의 5형식 안에 중복되어 들어간 복문장(중복된 문장이라고 하여 중문)

  1.1 F11 1형식 주어의 자리에 중복된 문장 (주절)

  1.2 F2 2형식 주어나 보어의 자리에 중복된 문장

    1.2.1 F21 2형식 주어의 자리에 중복된 문장 (주절)

    1.2.2 F23 2형식 보어의 자리에 중복된 문장 (보어절)

    1.2.3 F213 2형식 주어와 보어의 자리에 동시에 중복된 문장 (주절+보어절)

  1.3 F3 3형식 주어나 목적어 자리에 중복된 문장

    1.3.1 F31 3형식 주어의 자리에 중복된 문장 (주절)

    1.3.2 F33 3형식 목적어 자리에 중복된 문장 (목적어)

    1.3.3 F313 3형식 주어와 목적어 자리에 동시에 중복된 문장 (주절+목적절)

  1.4 F4 4형식 주어나, 제1목적어, 제2목적어 자리에 중복된 문장

    1.4.1 F41 4형식 주어의 자리에 중복된 문장 (주절)

    1.4.2 F43 4형식 제1목적어 자리에 중복된 문장 (제1목적절=간접목적절)

    1.4.3 F44 4형식 제2목적어 자리에 중복된 문장 (제2목적절=직접목적절)

    1.4.4 F413 4형식 주어와 제1목적어 자리에 동시에 중복된 문장 (주절+제1목적절)

    1.4.5 F414 4형식 주어와 제2목적어 자리에 동시에 중복된 문장 (주절+제2목적절)

    1.4.6 F434 4형식 제1목적어, 제2목적 자리에 동시에 중복된 문장
          (제1목적절+제2목적절)

    1.4.7 F4134 4형식 주어, 제1목적어, 제2목적어 자리에 동시에 중복된 문장
          (주절+제1목적절+제2목적절)

  1.5 F5 5형식 주어, 목적어, 목적보어 자리에 중복된 문장

    1.5.1 F51 5형시 주어 자리에 중복된 문장 (주절)

    1.5.2 F53 5형식 목적어 자리에 중복된 문장 (목직절)

1.5.3　F54 5형식 목적보어 자리에 중복된 문장 (목적보어절)

1.5.4　F513 5형식 주어와 목적어 자리에 동시에 중복된 문장 (주절+목적절)

1.5.5　F514 5형식 주어와 목적보어 자리에 동시에 중복된 문장 (주절+목적보어절)

1.5.6　F534 5형식 목적어, 목적보어 자리에 동시에 중복된 문장
　　　(목적절+목적보어절)

1.5.7　F5134 5형식 주어, 목적어, 목적보어 자리에 동시에 중복된 문장
　　　(주절+목적절+목적보어절)

Pattern #2 (Pr형)

　Process형 – 문장이 순서대로 나열된 문장 (모든 접속사 사용 문장)

Pattern #3 (It형)

　If-then형 – if, when의 조건문이 앞에 오고 그 결과의 문장이 뒤에 오는 문장

Pattern #4 (Dw형)

　Do-While형 결과의 문장어 먼저 오고 뒤에 어떤 상황이나 조건을 설명하는 문장

Pattern #5 (At형)

　Attached형 – 어떤 단어를 뒤에서 문장으로 설명하는 문장 (관계대명사의 문장)

Pattern #6 (Vo형)

　Verb Object형 – 본동사가 아닌 동사(to부정사, 현재분사, 동명사)의 목적어로 온 문장

Pattern #7 (Po형)

　Preposition Object형 – 전치사의 목적어로 온 문장

위의 7가지 복문장 **Pattern**이 혼합되어 3개 이상의 복문장이 올 수 있다. 그러므로 모든 복문장은 위의 기호를 사용하여 코드로 표현이 가능하다.

(보다 자세한 내용과 예제 문장은 필자의 저서 '복문장 영작의 모든 것' 참조)

부록 2. 동사의 16가지 시제의 예

현재형	I look for her	나는 그녀를 찾습니다.
현재진행	I am looking for her	나는 그녀를 찾고 있는 중입니다(
	*가끔은 이미 확정되고 곧 실현될 미래 즉 이미 마음을 먹은 상태일 때 사용된다.	
과거	I looked for her	나는 그녀를 찾았습니다.
과거진행	I was looking for her	냐는 그녀를 찾고 있는 중이었습니다
현재완료	I have looked for her	나는 그녀를 쭉 찾고 있는 상태입니다
	*완료형은 우리나라 말에 없는 시제로 이해가 어렵다. 어떤 상태가 지속되는 상황에 사용된다. 현재완료는 그러니까 그런 상태가 지금 지속되고 있는 상황이다.	
과거완료	I had looked for her	나는 한때 그녀를 찾은 적이 있었습니다
	*지금은 아니고 과거 한 때 상태가 지속되고 있는 상황이었다.	
미래	I will look for her	나는 그녀를 찾을 것입니다
미래진행	I will be looking for her	나는 그녀를 찾고 있는 중일 것입니다 (꼭 찾을 것입니다)
	*확정된 미래에 사용된다. 그러므로 '꼭 ~할 것이다'의 뜻으로 볼 수 있다.	
현재완료 진행	I have been looking for her	나는 그녀를 엄청 찾아 헤맸습니다 (오로지 찾기만 했다는 과장된 표현)
	*과장된 표현에 주로 사용한다. 현재진행이 계속 지속되고 있는 상황이다. I am looking for her. 문장에서 'am'을 완료형으로 했다. ~ have been ~	
과거완료 진행	I had been looking for her	나는 한때 그녀를 엄청 찾아 헤맸습니다
	*현재완료진행과 마찬가지 개념으로 지금은 아니고 과거 한 때 그런 상황이 지속되고 있었다는 과장된 표현 I was looking for her. 문장에서 'was'를 과거완료형으로 했다. ~ had been ~	

미래완료	I will have looked for her	나는 한동안 그녀를 찾을 것입니다
	*미래 어느 시점에서 한동안 상태가 지속될 때 사용한다. I will have stayed in NY for 3 years. 뉴욕에서 3년간 있는 상태가 될 거야.	
미래완료 진행	I will have been looking for her	나는 한동안 그녀를 찾는 것만 할 것입니다
	*위 문장의 예제로 보면 '뉴욕에서 3년간 처박혀 있게 될 거야'와 같이 과장된 표현을 할 때 사용한다.	
가정법 과거	I would look for her	나는 그녀를 찾았을 겁니다
	*과거에서 미래를 말할 때 주로 사용된다. ~ should ~ 나는 그녀를 찾아야만 했습니다. ~ could ~ 나는 그녀를 찾을 수 있었습니다. ~ might ~ 나는 그녀를 찾았을 지도 모릅니다. *전부 실제는 그렇게 하지 않았다는 의미이다. 즉 가정해서 말하는 것이다. I would like to drink something.은 실제로는 '뭔가를 마셨으면 좋았을텐데'의 의미로 과거처럼 보이지만 지금도 현재 그렇다는 의미로 종종 사용된다. 그러면 표현이 훨씬 완곡해진다. 그래서 정중한 표현처럼 되는 것이다.	
가정법 과거완료	I would have looked for her	나는 한동안 그녀를 찾았을 겁니다
가정법 과거진행	I would be looking for her	나는 그녀를 찾고있는 중이었을 겁니다
가정법과거 완료진행	I would have been looking for her	나는 한동안 그녀를 엄청 찾아 헤매고 있었을 겁니다
	*완료진행형이므로 지속되고 있는 상태를 과장되어 표현할 때 사용한다.	

● 가정법 먼저 'if'가 아닌 'would, should, could, might'를 먼저 잘 이해하여야 한다.

부록 3. 한글을 영어의 **Pattern** 순서로 위치 변경 (한글 영작용)

no	S	V	C or O	O or C	P

부록 **4.** 영어 문장을 **Pattern** 순서로 위치 변경 **(영어 번역용)**

no	S	V	C or O	O or C	P